EL ARTE ANDALUSÍ.

"Los Reales Alcázares de Sevilla."

D. José Vargas Padilla

C.V.

José Vargas Padilla, nació en Málaga, en pleno corazón de la Costa del Sol, a un paso de la Alhambra Granaina, lugar que visita todos los años. Educado por Jesuitas en su tierra natal, donde adquirió el hábito de ser lector voraz y crítico. A posteriori, entre su formación adquirida, podemos destacar su Máster en "Gestión de Residencias y Servicios para la Tercera Edad", además de su especialización en "Administración y Gestión de Empresas". Viajero apasionado y Chef los fines de semana, trabaja desde hace mas de una década en Web Design y Nuevas Tecnologías, otra de sus grandes pasiones.

ISBN-10: 1548192538
ISBN-13: 978-1548192532

www.guiasgourmetparacurrantes.com
Email: info@guiasgourmetparacurrantes.com

Printed by CreateSpace

INIDICE

Dedicatoria

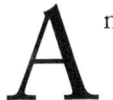 mi madre, a mi padre y a la familia…

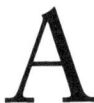 Karinita, por la cual escribí sobre Granada y la Alhambra.

 Mencia, una crack del motociclismo.

 mis amistades, en particular a David que lee todo lo que escribo a "punta de pistola", a Alfonso que soporta horas escuchando hablar de lo que escribo…

 Berni, la ANTIchef…

 los lectores…

Prologo

Hemos de reconocer, que leerse casi 400 páginas, tiene mérito, aunque sea de un libro dinámico y entretenido, como "El Arte Andalusí. De la Alhambra a la Mezquita de Corduba.", por ello, y más aún, por la insistencia de mi amiga Berni, escribo esta versión más "light" o breve, dedicado en exclusiva al Arte Mudéjar, en particular, a Los Reales Alcázares de Sevilla.

Qué Bonito es el arco árabe?

Siempre la misma respuesta, ese es el arco de herradura ibero visigodo, que los musulmanes o arte islámico copiaron.

Qué Bonito es el arte árabe?

Siempre la misma respuesta, eso es arte andalusí.

Qué Bonita es la Mezquita, porque no se devuelve a los musulmanes?

Siempre la misma respuesta, antes fue una Basílica Cristiana, y antes una Iglesia Paleocristiana, y antes...

Como se nota que la Mezquita se copio de la Alhambra?

Siempre la misma respuesta, la mezquita de Córdoba, se construyo 500 años antes que la Alhambra.

Que Buenos eran esos arquitectos árabes que vinieron de Arabia?

Siempre la misma respuesta, eran arquitectos andalusíes, es decir andaluces de religión musulmana.

⇨ **Preguntas y más preguntas,** cada vez que alguien decide bajar a esta

Andalucía tan desconocida, pero tan visitada, ya hasta agota, así que porque no escribirlo, explicar que es el Islam, para los que no son musulmanes, que es el arte islámico o el arte andalusí…

Explicar los cuatro grandes estilos de esta tierra, que ha tenido muchos nombre, como Tarsis, Bética, Al Ándalus o Andalucía, que son el Estilo Califal, el Estilo Taifal con sus variantes como el Almohade, el Estilo Nazarí, y ese tan olvidado, como el Estilo Mudéjar, de una manera lo más sencilla posible, así evitamos responder siempre lo mismo.

⇨ **Descubrir las siete grandes maravillas del arte andalusí,** como son la Mezquita Catedral de Córdoba, la Giralda de Sevilla, la Alhambra de Granada o la Alcazaba de Málaga, sin olvidar los Reales Alcázares de Sevilla, es otra parte de este recorrido por esta Andalucía tan desconocida…

OTROS

La información presentada en esta obra es simple material informativo y no sustituye la consulta de cualquier otro profesional.

El autor y el editor están exentos de toda responsabilidad sobre daños y perjuicios, pérdidas o riesgos, personales o de cualquier otra índole, que pudieran producirse por el mal uso de la información aquí proporcionada.

Y sobre todo, a los que lean este libro, espero les sirva para conocer mejor Al- Ándalus, y si lo desean, pueden aportar ideas y propuestas para su ampliación, para lo cual les dejo mi contacto:

Email: info@guiasgourmetparacurrantes.com

OTROS LIBROS RECOMENDADOS.

⇨ **Café Gourmet para Currantes.** A la venta en Amazon y en El Corte Ingles.

⇨ **De la Alhambra a la Mezquita de Córdoba. El Arte Andalusí.** A la venta en Amazon.

OTROS LIBROS COLECCIÓN: UNA CENA EN DOS HORAS.

⇨ **Una Cena Árabe en Dos Horas.** A la venta en Amazon.

⇨ **Una Cena Marroquí en Dos Horas.** A la venta en Amazon.

⇨ **Una Cena de Túnez en Dos Horas.** A la venta en Amazon.

⇨ **Una Cena de Egipto en Dos Horas.** A la venta en Amazon.

⇨ **Una Cena de Siria en Dos Horas.** A la venta en Amazon.

⇨ **Una Cena del Líbano en Dos Horas.** A la venta en Amazon.

⇨ **Una Cena Turquía en Dos Horas.** A la venta en Amazon.

⇨ **Una Cena de Persia en Dos Horas.** A la venta en Amazon.

⇨ **Una Cena de Palestina & Israel en Dos Horas.** A la venta en Amazon.

⇨ **Una Cena Andalusí en Dos Horas.** A la venta en Amazon.

OTROS LIBROS COLECCIÓN: ADELGAZAR COMIENDO.

⇨ **Guía para Adelgazar sin Dietas y Comiendo: Perder Peso sin Pasar Hambre.** A la venta en Amazon.

⇨ **Las Recetas Antikilos.** A la venta en Amazon.

⇨ **Las Recetas de Wok AntiKilos. .** A la venta en Amazon.

⇨ **Diez Súper Alimentos que te harán Adelgazar.** Próximamente.

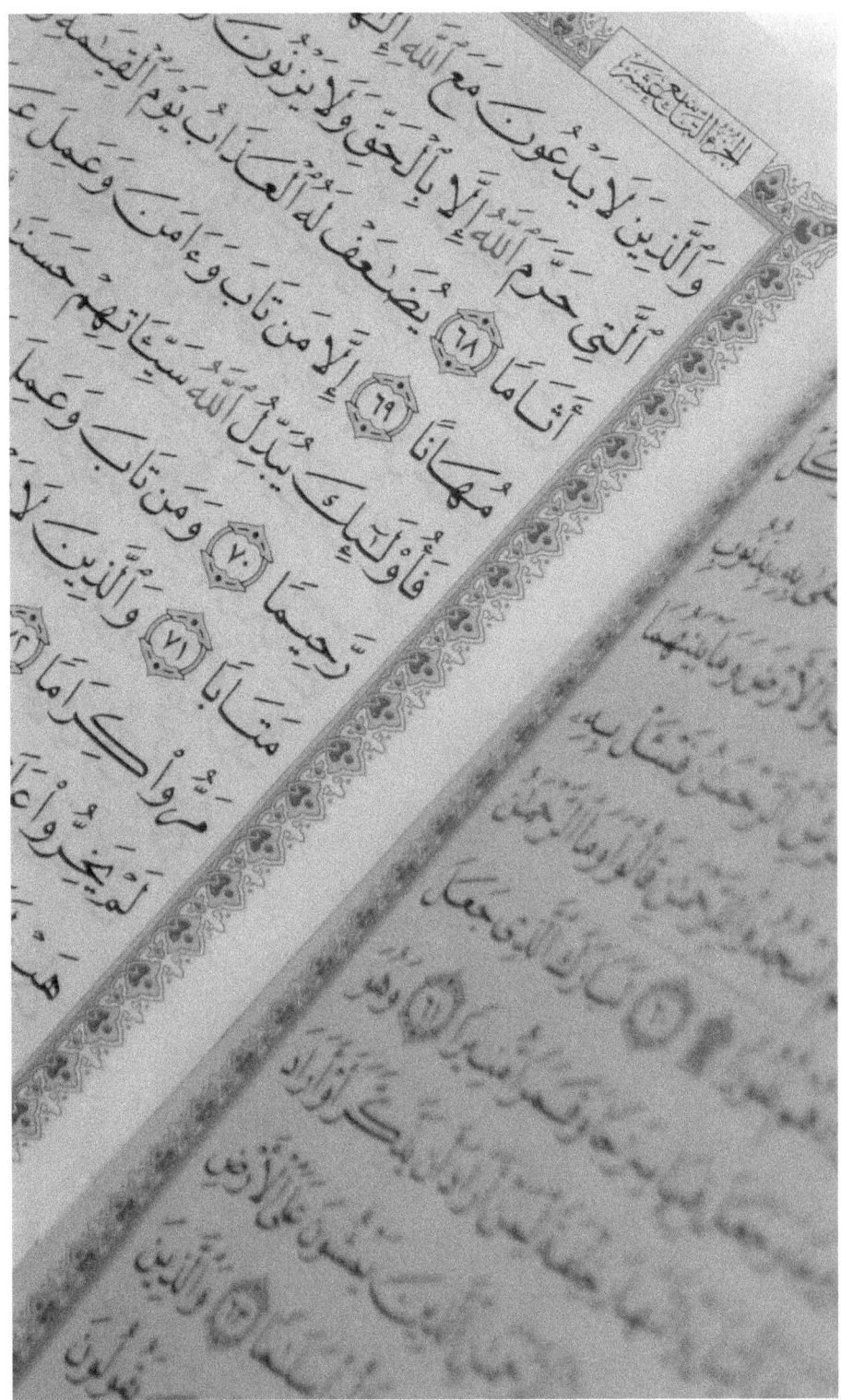

EL ISLAM O SUMISIÓN A DIOS

"Los Reales Alcázares de Sevilla"

2. EL ISLAM O SUMISIÓN A DIOS

2.1 Orígenes del Islam

Oficialmente se origina con la huida de Mahoma de la ciudad de comerciantes de la Meca a la pequeña ciudad de Medina, en el año 622, llamándose a esta migración Hégira.

Mahoma, perteneciente a una familia de clase alta, pero sin muchos recursos, se casa con una rica viuda que le dobla en edad, lo cual le permite dedicarse a sus grandes pasiones: el viajar, el aprender, el leer, el escribir…

Ese largo aprendizaje cultural, para comprender los males que afectan a su amada tierra, Arabia y el mundo en general, le iluminan, según los musulmanes por Ala, para dar la respuesta y solucionar ese caos que representa los Siglos VI y VII.

Este Siglo VII, que conocemos en Europa como el Inicio de la Edad Media, más bien debería llamarse Edad de las Sombras.

2. EL ISLAM O SUMISIÓN A DIOS

2.2 Porque Surgió el Islam

Arabia superpoblada...

Arabia superpoblada, con numerosas ciudades comerciales, que habían vivido durante siglos de ser intermediario entre el Comercio de Oriente y el Comercio del extinto Imperio Romano, ya carece de los recursos en plata y oro para comprar alimentos para su población, que fallecen por miles del hambre, falta de higiene, mientras una elite cada vez más reducidas, monopolizan todas sus riquezas.

Tribus nómadas que colaboraban antaño en las amplias caravanas, como camelleros o escoltas, ya sin ingresos estables, sin alimentos que debían comprar en lejanos países, puesto que el Desierto solo es generoso en arena, sol y muerto, se dedican al saqueo de las escasas caravanas que aún perduran, o a matarse entre ellas, por unos kilos de trigo.

En conclusión, superpoblación, escasez de alimentos, escasez de empleo, violencia generalizada, es el ambiente ideal para grandes cambios...

2. EL ISLAM O SUMISIÓN A DIOS

2.3 Porque Se expandió. Factores Sociales

Una religión que unifica el caos de principios del Siglo VI, cuando la desesperanza y la pobreza abarcaban a la mayor parte de la población de Arabia.

Una Religión que Simplifica, el caos de la Religión Cristiana, demasiado elitista e incompresible para la mayor parte de la población, por su compleja teología.

Una Religión Proselitista, o que trata de convertir a todos, en cambio la Religión Hebrea es cerrada, siendo casi imposible pertenecer a ella, solo el ser hijo de una mujer judía te lo permite.

Una Religión que Premia en Vida, con riquezas materiales o familiares, cohesionando la sociedad.

Una Religión que Permite que cualquiera se convierta en líder espiritual (sacerdote o ulema), a la vez que mantiene su núcleo familiar y económico.

Una Religión que escribe sus hechos en un Libro, pero compresible para todos.

2. EL ISLAM O SUMISIÓN A DIOS

2.4 Porque Se expandió. Factores Políticos

La Iconoclastia o la Guerra Civil entre Cristianos, pues numerosos eran los Obispados, el de Roma, el de Constantinopla, el de Alejandría, este ultimo el más antiguo e influyente en todo Oriente y el Magreb.

La Iconoclastia o la Guerra Civil entre Cristianos, pues numerosos eran los Obispados, el de Roma, el de Constantinopla, el de Alejandría, este ultimo el más antiguo e influyente en todo Oriente y el Magreb.

Roma como capital religiosa y política de la Europa Occidental, Constantinopla como capital religiosa y política de la Europa Oriente, y Alejandría como capital religiosa en todo Oriente y el Magreb, pero sometida políticamente a Occidente, que trata de imponer con sangre y fuego su visión del cristianismo a esa Alejandría.

Esa Alejandría que se niega a reconocer las imágenes de personas o Iconoclastia, como parte del Cristianismo primigenio, esa Alejandría, que mantiene una verdad más pura con respecto al cristianismo, es sometida una y otra vez a la tiranía de los herederos del Imperio Romano.

2. EL ISLAM O SUMISIÓN A DIOS

2.5 Porque Se expandió. La Explosión

Una Arabia unificada, por un nuevo profeta, con una Religión mas desecada a sus tiempos, conquista fácilmente este Oriente y Magreb, puesto que los cristianos de estas amplias zonas tienen más en común con el Islam, que con ese Cristianismo elitista europeo, y de paso, se ahorran esos abusivos impuesto que les exigen desde las lejanas Roma y Constantinopla.

Un líder religioso, el Califa, descendiente de Mahoma, es su líder político unificador, puesto que NO existe una separación entre religión y política, el concepto occidental de "Lo de Dios para Dios, y lo del Cesar para Cesar", es solo un concepto occidental, incompatible con el Islam y el buen musulmán.

Primero la familia de los Omeyas, a posteriori las de los Abiisies, son los nuevos Califas del mundo islámico.

Desaparecidos estos, reinos minúsculos o Taifas, gobernados por señores de la guerra, aparecen y desparecen periódicamente, pero sin legitimidad religiosa o política.

Nuevos Califatos surgen, pero de duración limitada, los Almorávides o Almohades en el Magreb, o el Imperio Otomano en Oriente y los Balcanes que perduro cinco siglos, y actualmente incipientes Califatos como el de Siria e Irak, que simplemente se limita a copiar el Califato de los Nazarícs o Asesinos de los Siglo X al XIII, la implantación del Islam por la violencia extrema.

2. EL ISLAM O SUMISIÓN A DIOS

2.6 Porque Se sigue Expandiendo

En pleno Siglo XXI, los problemas originales de los Siglos VI y VII se repiten, Unas Elites acaparan las riquezas dejando al resto de la población en la pobreza, un Mundo Occidental acaparan las riquezas y tratan de imponer una visión corrupta del mundo (ateísmo, promiscuidad, carpem diem, etc).

La sencillez del Islam, fuera de grandes discusiones filosóficas occidentalitas, con un método de aprendizaje muy eficaz, la Repetición: Rezar Cinco veces al día, Repetir mil veces las mismas frases slogan en cada rezo, Ayunar cuarenta veces seguridad o el Ramadán, leerse Mil veces el Corán, hasta que se aprende letra por letra, y podemos dictarlo de memoria, es otro de sus pilares, para que cada vez se impongan a otros religiones o en países ateos (laicos según concepto occidental).

Debemos recordar que todo buen musulmán, tiene una serie de obligaciones, ayudar al pobre o la limosna, formar una Familia, convertir a los miembros de otras religiones al Islam.

También dejo claro Mahoma, que los Ateos y otras gentes sin valores o moral, jamás serán buenos creyentes, por lo cual, algunos interpretan, que el uso de la violencia contra ellos, estas justificada.

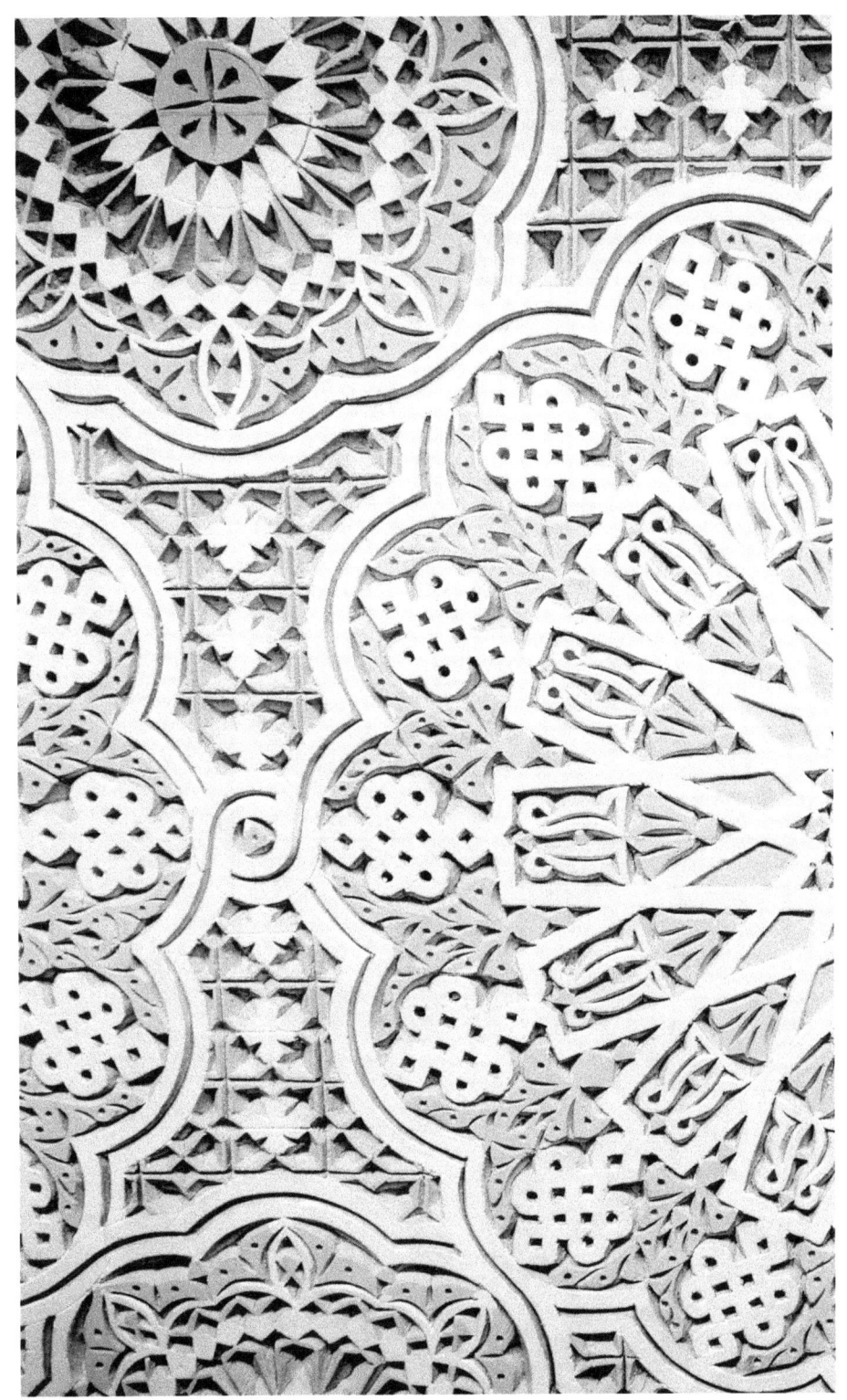

EL ISLAM Y EL ARTE

"Los Reales Alcázares de Sevilla"

3. EL ISLAM Y EL ARTE

3.1 Islam es Arquitectura

El Islam, como el Cristianismo primitivo, prohíbe expresamente la representación de seres vivos, de personas, solo recordar la actitud de Jesucristo en el Templo, cuando expulsa violentamente a los mercaderes.

Por ello, la Escultura o Pintura, desparecen de su Arte, existiendo otras alternativas, como el Baile para alcanzar el éxtasis con Dios o Derviches, pero ya en siglos mas tardíos, estrictos ulemas lo prohibieron, por incitar a la desidia o la lujuria.

Es la Arquitectura donde se representa la grandiosidad del Islam, pero entendiendo que lo único eterno es Ala, por ello sus construcciones, a nivel arquitectónico emplea materiales de baja calidad (ladrillos de barro), edificas de una sala planta, decorándolos con exquisitez para ocultar esta fragilidad constructiva y de paso, engrandecer la belleza de las palabras del Profeta y su sometimiento a Ala.

3. EL ISLAM Y EL ARTE

3.1 Islam es Arquitectura

El Islam, como el Cristianismo primitivo, prohíbe expresamente la representación de seres vivos, de personas, solo recordar la actitud de Jesucristo en el Templo, cuando expulsa violentamente a los mercaderes.

Por ello, la Escultura o Pintura, desparecen de su Arte, existiendo otras alternativas, como el Baile para alcanzar el éxtasis con Dios o Derviches, pero ya en siglos mas tardíos, estrictos ulemas lo prohibieron, por incitar a la desidia o la lujuria.

Es la Arquitectura donde se representa la grandiosidad del Islam, pero entendiendo que lo único eterno es Ala, por ello sus construcciones, a nivel arquitectónico emplea materiales de baja calidad (ladrillos de barro), edificas de una sala planta, decorándolos con exquisitez para ocultar esta fragilidad constructiva y de paso, engrandecer la belleza de las palabras del Profeta y su sometimiento a Ala.

3. EL ISLAM Y EL ARTE

3.2 Islam es Arquitectura Religiosa y Califal

La **Mezquita** y secundariamente la **Madraza,** son sus primeras obras arquitectónicas.

La Mezquita, un edificio de una solo planta, rectangular o en forma de T, abierto, capaz de albergar miles de creyentes para el rezo, todo unidos sin diferencias sociales, siempre mantiene una estructura básica: Un gran patio, con una fuente para las ablaciones o limpieza, una Sala de Oraciones o Haram, que suelen ser numerosas naves soportadas por frágiles columnas en arco, un muro o Gibla en dirección a la Meca, el Mihrab o un nicho que nos indica el lugar exacto donde está la Meca, y el Minarete o Alminar, donde un ulema especializado llama al rezo.

Existen diferentes mezquitas, que se escapan de estos estilos más clásico, como la octagonal, de la cual la Mezquita del Haram de La Meca es un buen referente.

La Madraza o Escuela Coránica, suele ser un edificio anexo a la mezquita, disponiendo, además de las habituales aulas, de una zona de dormitorios para los alumnos y profesores, además de patios y pequeños jardines.

El **Palacio para el Califa** o Reyes, y **Mausoleos** para su descanso eterno, son sus otras obras arquitectónicas.

La **estructura de los Palacios** Musulmanes, se basa en un Pabellón o Palacete, con un espacio abierto en su centro, con una Fuente y pequeños jardines regados, y alrededor se sitúan las diversas salas o habitaciones.

La amplitud y números de estos pabellones es variable, dependiendo del periodo histórico.

En el exterior, amplios jardines y estanques con agua fresca, con una gran plaza para actos oficiales o desfiles militares, todo ello situado dentro de una Alcazaba, con un grueso muro de ladrillos rojizos (barro con agua secados al sol, de arena rica en hierro, que les da ese característico rojo).

3. EL ISLAM Y EL ARTE

3.2 Islam es Arquitectura Religiosa y Califal

La **Arquitectura militar o Alcazaba,** se entremezcla con el Palacio, ya que su objetivo es defender a sus líderes, que son a la vez religiosos y políticos, ajunos con un pequeño Pabellón o Palacio, otros con múltiples Pabellones.

Disponen de numerosas viviendas para los soldados y sus familiares, un gran Aljibe o depósito de agua para poder resistir prolongados asedios, y un Alcázar, es decir, un pequeño castillo, mas fortificado aun, por si lograban penetrar sus defensas.

El **Mausoleo o Tumba de los Califas** o Reyes, suelen ser cuadrados, con una cúpula en la parte superior, y una zona ajardinada a su alrededor, y una cuidada decoración interior, donde abundan los motivos labrados en Oro, mármol y madera.

3. EL ISLAM Y EL ARTE

3.3 Islam y Elementos Arquitectónicos

Tres son los elementos que destacan en su construcción, utilizando como material base débiles ladrillos (barro con agua secados al sol):

El **Arco de Herradura visigodo,** mal llamado arco árabe, de orígenes iberos, pero de uso extensivo por la arquitectura religiosa y palaciega visigoda, ya casi extinta, por la destrucción sistemática a que fue sometida por los árabes y los nuevos conversos musulmanes.

Diferentes versiones aparecen a posteriori, arco de herradura apuntado o túmido en forma de ojiva o punta, arco de herradura lobulado que son varios arcos multiplicados dentro de un arco de herradura principal, el arco de herradura mixtilíneo que son una combinación de aros curvos o de herradura con líneas más rectas, arcos de herradura cortinas que son dos arcos yuxtapuestos, etc.

La **Cúpula Bizantina,** mal llamada cúpula árabe, ya que originalmente las mezquitas carecen de cúpulas, a posteriori, se empiezan a implantar, pero construidas en ladrillo y madera, de escaso peso, pero decoradas extensamente para aparecer imponentes, y no es hasta la conquista de Constantinopla, por los Otomanos, cuando empiezan a construir en piedra.

El **Alfiz,** de origen etrusco-romano, que se utiliza en Al Ándalus en el ya temprano siglo VIII, y se expande a los países musulmanes, es simplemente, una moldura o marco, que protege y embellece al arco de herradura.
A posteriori, llega hasta el suelo, aportando una belleza extra, ya que sobre él se utilizan diferentes métodos decorativos.

Adicionalmente, pequeñas columnas cilíndricas de piedra o mármol, sustentan los arcos y el techo, sin base, y en la parte superior, el capitel, son de estilo bizantino, de caras planas muy decoradas.

3. EL ISLAM Y EL ARTE

3.4 Islam es la Decoración en la Arquitectura

Esta precariedad en los materiales constructivos (ladrillo) y asumir que lo único eterno es Ala, hacen que surja una explosión en la decoración, fundamentada en:

Yeserías o Estuco, diferentes variedades de lo mismo, protegen las paredes de ladrillo, y son utilizados como base para una exquisita decoración, ya sea mediante arabescos, caligrafía árabe, o tintes de colores múltiples.

La Madera, de la cual el Cedro del Atlas era la más demandada, finamente labrada con motivos arabescos, y a posteriori recubierta de diferentes tintes de colores variados, es muy utilizada para recubrir bóvedas, arcos y paredes.

Los Azulejos, ya utilizados en la Persia de los Aquemidas, que lo aprendieron de los Asirios o quizás antes, es una pieza de cerámica o barro, con una de sus caras vidriada, aplicando un barniz que al cocerlo deja ese brillo característico, pero fue en Al Ándalus donde alcanzo su mayor esplendor, con sus formas geométricas propias, se volvió a expandir al mundo árabe.

Suelen ser utilizados en las paredes, más cercanas al suelo, una costumbre que aun se mantiene en muchas casas andaluzas.

Al no poder representar seres vivos, y en particular personas, los motivos aplicados son:

Figuras Vegetales o Arabescos, que son motivos basados en hojas de palmeras, granados, piña, de forma estilizada, que se mezclan y superponen, de forma ordenada, hasta ocupar toda la superficie, representando diferentes figuras geométricas.

Caligrafía, árabe cursiva, normalmente con frases del profeta Mahoma, en otras ocasiones proverbios, ya que en la cultura musulmana la palabra escrita, ya sea en forma de Libro o en las paredes, tienen el máximo respeto, siendo inclusive sagrada según el concepto occidental, por ello, el insulto escrito hacia el Islam, es algo que un musulmán nunca perdonara.

3.5 Islam y Estilos Arquitectónicos

Cuatro son los estilos arquitectónicos: **Califal, Taifal, Almorávide-Almohade y Nazarí,** acompañados de estilos regionales con una identidad propia, ya sea el **Mudéjar** español, la Otomana, la Tumurida, la Mogul o la Afro islámica.

3. EL ISLAM Y EL ARTE

3.5.1 El Estilo Califal, destaca por dos grandes obras.

E stilo Califal.

La Meca, con su Mezquita del Haram, de origen Omeya y liego ampliada por los Abasíes, reformada en el Siglo XX, para dar cabida a más de un millón de personas pero su acceso es imposible para los no creyentes.

Córdoba, con su Mezquita Catedral o Catedral de la Asunción de Nuestra Señora, construida sobre una previa Basílica cristiana visigoda, mandada construir por el primer emir Omeya de Al Ándalus, Abderramán I, el único superviviente de la matanza cometida por Abasíes a su familia.

Construida con columnas de origen romano y visigodo, imitando a un palmeral, recordando a los extensos palmerales de su Damasco natal.

Fue ya el proclamado Califa Abderramán III, quien construye un nuevo minarete, que aún perdura dentro del campanario, pero es su sucesor Alhakén y el tirano Almanzor quienes les da su esplendor definitivo, ampliándola, añadiendo cúpulas bizantinas y puertas en arco de herradura, bellamente decoradas, en Oro, Estuco, Arabescos, etc.

Con la conquista de la ciudad por las tropas cristianas de Fernando III de Castilla, se transforma en catedral, respetando la mayor parte de su arquitectura de estilo califal, y ocultando el resto a las miradas de los cristianos as rígidos.

Descubrirla solo merecería un extenso libro, no está brece introducción, y solo recordar que está abierta a su visita a cualquier persona, sin incorporar sus creencias, sexo o color.

Existía otra gran mezquita, que era digna de incluir en este listado, la **Mezquita de al-Mutawakkil de Samara** en Irak, pero fue destruida parcialmente tras la conquista mongola, y la Guerra Civil en Irak, ha rematado el fin de esta obra cumbre del estilo califal abasíes.

3. EL ISLAM Y EL ARTE

3.5.1 El Estilo Califal, destaca por dos grandes obras.

Con respecto a los **Grandes Palacios de estilo Califal,** los de origen Omeya en Damasco, hace tiempo que se extinguieron, y los de la dinastía Abasíes en Samara, corrieron el mismo destino, y el tercero de ellos, el de los Omeyas andalusíes:

Medina Azahara, el último de los grandes palacios califales, terminado de construir por Almanzor en la Córdoba Imperial, aun se puede visitar, aunque sus restos solo nos dan una visión limitada de su pasado esplendor.

Una **autentica Ciudad Palacio,** con tres partes bien diferenciadas, que ocupaba un millón de metros cuadrados, entre las cuales destaca el Palacio o residencia de los Califas y/o Almanzor, la mejor conservada o Ciudad Oficial con los palacetes de los Visires o Ministros, de la Guardia Imperial, edificas Administrativos con sus amplios jardines, y la tercera ciudad, la de las viviendas de los comunes (soldados, artesanos, funcionarios).

Todo ello separados por murallas defensivas, y como nexo de unión, la Mezquita Aljama, pero describirlo todo en breves palabras no es posible, así que, viajar a Córdoba es imprescindible si deseamos saber que es el Arte musulmán califal.

3.5.2 El Estilo Taifal, propio de Al Ándalus

E stilo **Taifal.**

El Estilo Taifal, propio de Al Ándalus, se extendió por el resto del mundo árabe, y destacan por dos tipos arquitectónicos, **el Palacio Fortaleza y la Alcazaba militar.**

Dos ejemplos representan del **Palacio Fortaleza Taifal,** uno en la lejana **Jordania y otro en España.**

Palacio de Msatta, en Jordania, el primero en ser construido, como residencia de invierno de los Omeyas, con el típico muro de ladrillos rojizos, con un mínimo de 25 torreones defensivos, una pequeña zona palaciega con unos amplios jardines, la omnipresente mezquita, bóvedas arqueadas, pero solo encontremos ruinas mal conservadas si nos decidimos a visitarla.

Palacio Fortaleza de la Aljafería, perfectamente conservado, situado en Zaragoza, del Siglo XI y Patrimonio de la Humanidad, en su aparte más antigua, la Torre del Trovador del Siglo IX, es su primer baluarte defensivo, con los omnipresentes arcos de herradura, caligrafía mudéjar.

Construido de forma cuadrada irregular, con altos torreones defensivo, en cuya parte central se encuentra las residencia reales, rodeadas de unos hermoso jardines, fuentes y un gran aljibe, y una mezquita para uso exclusivo de los reyes taifales, todo ellos nos recuerda a las fortalezas palacios del lejano desierto de Oriente Medio.

Con su conquista por los cristianos, se construye una Iglesia de estilo gotico-mudejar, se amplía la zona palaciega con habitaciones de estilo mudéjar, y como residencia temporal de los Reyes Católicos, se amplía la decoración con motivos que nos recordaran a ese nuevo estilo llamado Renacimiento.

El mismo dilema, describir algo en diez líneas, cuando se necesitarían cien páginas como mero resumen, por ello, mejor viajará a disfrutarlo…

3. EL ISLAM Y EL ARTE

3.5.2 El Estilo Taifal, propio de Al Ándalus

Las **Guerras continuas son típicas** de este periodo, donde docenas de reyezuelos hacen que su pueblo malvivía y sangre por ellos, y fiel reflejo de ello, son las Alcazabas, fortalezas militares que protegían las ciudades del asedio enemigo, muchas fueron construidas, pero solo una destacada entre ellas, por su conservación, calidad en los materiales y tamaño.

La Alcazaba de Málaga, construida en las laderas del Gibralfaro, con su imponente Castillo de origen romano, pero ampliado como reserva de tropas, en caso de que la Alcazaba fuera atacada o fuera conquistada.

Con sus más de quince mil metros, que ponía mantener a una guarnición de diez mil soldados, similar en tamaño al Crac de los Caballeros, esa olvidada fortaleza que construyeron los cruzados, que resistió el asedio de Saladino, y aun en pleno Siglo XXI es utilizado como base militar inexpugnable.

Dilema es su origen, algunos dicen que lo construyo el Rey de la dinastía Ziri, Habús, saqueando el Teatro Romano que se encuentra a escasos metros, otros, que era de origen romano, siendo ampliado por dicho rey, todo esto referido al Siglo X.

Almorávides, Almohades y Nazaríes granadinos lo amplían, resintiendo el asedio de los Reyes Católicos durante meses, en el año 1487 y como castigo, se extermina a toda la población masculina, y a los niños y mujeres son vendidos como esclavos, para financiar el ataque a la Granada nazarí, y la ciudad es repoblada por cristianos, de la cual descienden todos los malagueños actuales, por mucho, que incultos actuales malagueños, hablen de la sangre árabe que corre por su venas.

Un parte exterior, con una triple muralla defensiva, numerosos torreones, estrechas puertas que recorren amplios pasadizo para que sea más difícil su acceso, destacan en esta parte de la construcción.

Numerosas puertas, como las de la Columnas o del Arco y bóvedas deberemos atravesar, pasando por la Plaza de Armas, donde una incipiente artillería defendían el Puerto de los buques enemigos, para llegar a los Palacios Taifal y Nazarí.

En la parte superior, se encuentra los Cuartos Granada, de claro estilo

3. EL ISLAM Y EL ARTE

3.5.2 El Estilo Taifal, propio de Al Ándalus

nazarí, con sus arcos de herradura decorados, su alberga y fuentes, pequeños jardines, donde residían los gobernadores o caíd musulmanes.

También están las habitaciones de estilo Taifal, mas sobrias, pero hermosas a la vez.

Un típico barrio de viviendas, donde residían las soldados, forma parte de su diseño, en la parte superior de la Alcazaba.

Mi amiga Narda, gran conocedora de la Alcazaba malagueña, hará de guía en esta visita a ese pasado andalusí malagueño.

3. EL ISLAM Y EL ARTE

3.5.3 El Estilo Almorávide y Almohade

Estilo **Almorávide y Almohade.**

El Estilo Almorávide y Almohade, el primero ya desparecido, aunque algunos pequeños detalles podremos encontrar **en Marrakech,** capital del Imperio Almorávide, **La Cúpula Almorávide o Qubba Barudiyne,** una verdadero obra de arte (en mi nuevo libro, Un Viaje Gastronómico por el Magreb, obtendréis mas información), o la **Mezquita de Tremacen,** en Argelia, pero poco mas queda de ello, siendo destruido su patrimonio arquitectónico, por otro Imperio, más intolerantes.

El Estilo Almohade, destaca por la utilización de los **mocárabes** (prismas yuxtapuestos, que son como estalactitas, que caen de las bóvedas, que luego copiaron el estilo nazarí y mudéjar).

En la decoración destacan por su sobriedad, haciendo escasos uso del estuco, maderas policromadas, etc.

En lo arquitectónico, imitan las mezquitas almorávides, pero impresionan con sus minaretes o alminares, desde el cual los ulemas llaman al rezo, la mayor es la Kutubía de Marrakech, con 69 metros de altura, sus azulejos verdes o sus bolas de Oro puro.

La de Rabat, está incompleta, pero aun impresiona los cientos de columnas de mármol, ese esqueleto incompleto de la que a ser la mayor mezquita del mundo.

O la de Sevilla, **la Giralda,** reciclada a campanario de esa Catedral, que incorpora medias docenas de estilos arquitectónicos.

Dos capitales imperiales debemos visitar si deseamos aprender del **Arte Almohades, Marrakech y Sevilla.**

3. EL ISLAM Y EL ARTE

3.5.3 El Estilo Almorávide y Almohade

En Marrakech, además de la Kutubía, la **Puerta Bab Agnaou** con bonita decoración, con motivos florales y arcos de herradura, el Estanque de Menera de 30.000 metros cuadrados rodeado de un inmensos olivar, o los Jardines de Agdal destacan entre ellos, y si vamos a la otra ciudad almohade, Rabat, e encontraremos la Kasbah de los Oudayas con su destacable Puerta de Bab el Kebir, mas emparentado con el Arte Militar que es la Alcazaba.

En Sevilla, además de la Giralda, aun perdura la **Torre del Oro,** siendo dodecágonal (doce lados) en su base, que formaba parte de las murallas defensivas de la ciudad, que debieron ser impresionantes, además de diversas Alcazabas militares como la de Badajoz que aún conserva uno de sus Torreones defensivos.

Lo que es único, un Palacio con trazas Almohades, ya que su austeridad, pues preferían la militar a lo civil, es el **Real Alcázar de Sevilla.**

El Real Alcázar de Sevilla fusiona los estilos califales y almohades, con el gótico y el renacentista europeo, con el gran desconocido, una arte propio español, el arte mudéjar.

En los Jardines del Real Alcázar, encontremos **el Jardín andalusí** entre las características propias del Renacimiento, fundiendo confundirse con ese Paraíso prometido a los mártires musulmanes.

Otro dilema, uno de tantos, pues describir una de las obras cumbres del arte andalusí, almohade, mudéjar y renacentistas como es el Real Alcázar de Sevilla, es imposible en breves palabras, por lo cual, lo dejaremos para una visita a Sevilla.

3.5.4 El Estilo Nazarí

E stilo **Nazarí.**

El Estilo Nazarí, objetivo de esta breve introducción, la detallamos en un capitulo exclusivo, pero debemos recordar, que además de a **Alhambra,** a posteriori, de mano de la dinastía Saaides, se construyo el **Palacio de El Badi,** estilo nazarí rebosante, y para imaginarnos su tamaño, con una pequeña parte saqueada de esa inmensidad fue construida toda una Ciudad Imperial, la de Meknes.

3.5.5 El Estilo Mudéjar

E stilo **Mudéjar**

El Estilo Mudéjar, algo propio exclusivo de España, se desarrolla en la España Cristiana de mano de súbditos musulmanes, quizás debería ser llamada Arte Español, pero al ser desconocidos por terceros, y confundido por muchos incultos con otros estilos (califal, nazarí, gótico, renacentista), le dedicamos un capitulo exclusivo.

3.5.6 Otros Estilos del mundo Islámico

E stilos **del mundo Islámico.**

Otros Estilos del mundo islámico, es el **Mogul o Islámico de la India,** destacando ese Mausoleo Musulmán llamado **Taj Mahal,** o el Timúrida, con su Gur-e Amir o Mausoleo de Tamerlan en Samarcanda, con un inmenso bloque de jade verde que protege su Tumba, o **el Otomano,** con su Mezquita de **Süleymaniya,** y el más desconocido, el Afro Islámico, identificado por la **Mezquita de Djingareyber de Tombuctú,** del año 1327, obra del genial arquitecto andalusí Abu Haq Es Saheli.

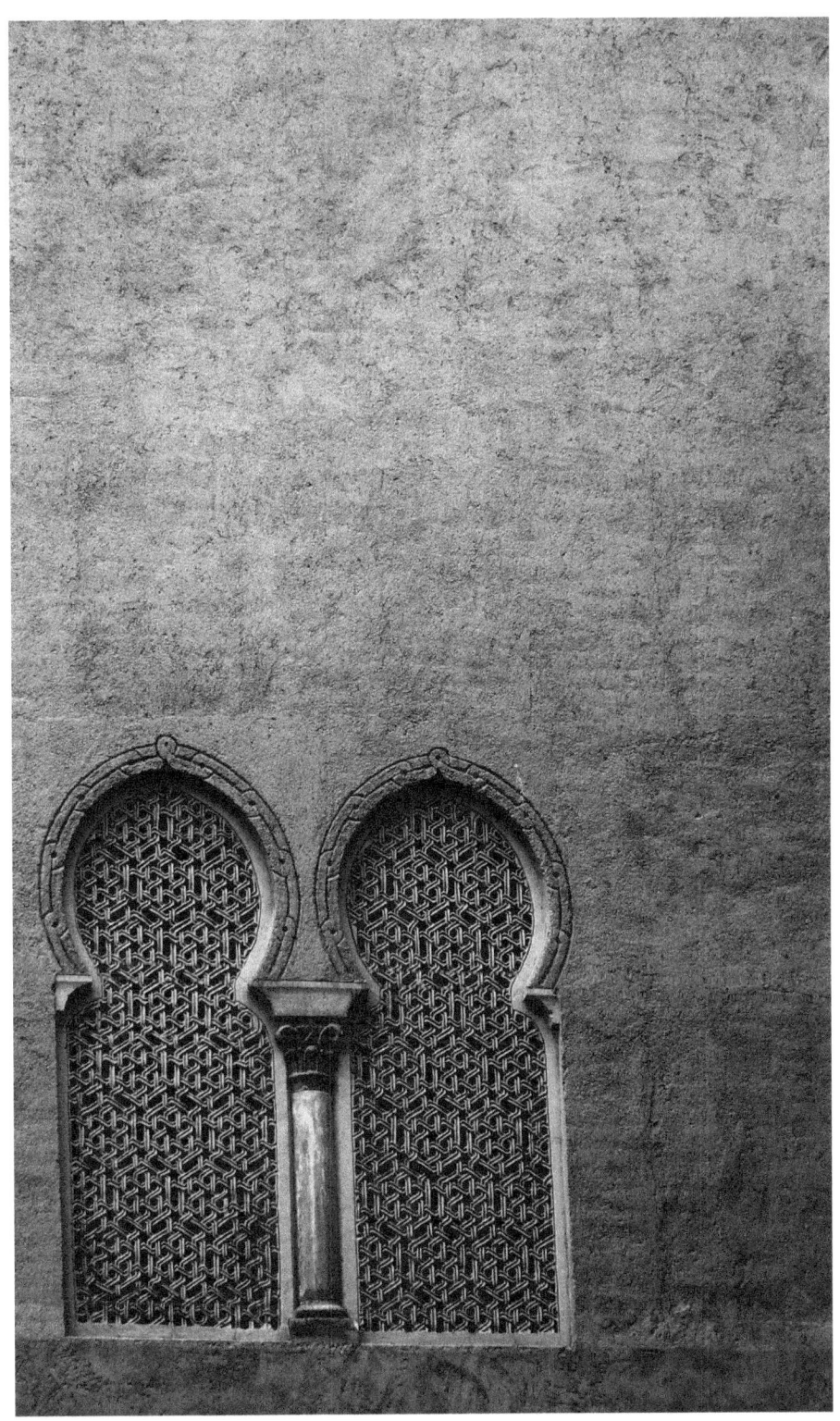

EL ARTE MUDEJAR

"Los Reales Alcázares de Sevilla

4. EL ARTE MUDEJAR

4.1 Introducción

El arte mudéjar, estilo artístico propio de España, constituyó una **fusión del arte cristiano y el arte árabe o andalusí.**

Mudéjares, o musulmanes que deciden vivir en los reinos cristianos, que con acierto, logran durante dos siglos la conveniencia entre las tres grandes religiones del Libro: Cristianismo, Islam y Hebrea.

En muchos reinoso cristianos, como o el de Valencia, la población musulmana representaba una tercera parte, dedicándose principalmente a la agricultura en pequeñas huertas o fincas, poco productivas, pero su esfuerzo e ingenio, les dará una gran rentabilidad, y un nivel digno de vida.

Sus artesanos eran reclamados, por ricos comerciantes, nobles, obispos y demás dueños del poder, tanto por su económico precio en sus trabajos, como por su rapidez en la terminación, provocando por ello, problemas a largo plazo en la convivencia con los cristianos, que no podían competir con estos costes.

Múltiples los cristianos, que antaño se dedicaron a estos oficios, que la cambiaron por el de las Armas, generaciones enteras, que creo unos hombres excepcionales, ya olvidados, como el Gran Capitán, que con unos miles de valiente derrotan al otrora poderoso Ejercito Real de Francia en Italia, regalando con un ello, un nuevo Reino, el de las Dos Sicilia, a Carlos V.

Martin Cortes, bravo y noble soldado, amigo y oficial de confianza del Gran Capitán, mano derecha de los Reyes Católicos y Carlos V, que después de una larga vida, decide **enviar a su hijo Hernando** a estudiar leyes a una de las **mejores Universidades de Europa,** la de Salamanca, pero como buen hijo de su padres, **prefiere las mujeres y el arte militar,** destacando en Italia, por su valentía, pero que muchos lo tildan de pobre mendigo, el que llevaba de la mejor sangre de los reinos de España, el que era **protegido del Capitán General** de los Ejércitos de los Reinos de España, el que como **Madrina tenia a una de las Grandes** de la Nobleza…

Un largo **etcétera difícil de recordar,** que muchos ignoran, aunque **si recuerdan su nombre: Hernán Cortes**

4. EL ARTE MUDEJAR

4.2 Arquitectura y Decoración Mudéjar

A esa sombría arquitectura medieval cristiana, gótica o barroca, se le da vida, mediante la incorporación de los elementos clásicos de la arquitectura y decoración andalusí: Arcos de herradura, Alfiz, Yeserías, Caligrafía, maderas labraras y Policromadas, Ladrillos, motivos vegetales, y entre ellos destacan:

⇨ **Yeserías,** también conocida como estuco, como elemento base para la decoración, ya fueran Arabescos o motivos vegetales, o Sebka, rombos y trazos perfectamente ordenados para dar esa sensación de equilibrio y belleza a la vez, sin olvidar los Mocárabes, que imitan perfectamente a autenticas estalactitas colgantes…

⇨ **Ladrillos,** sustituyen a la carísima piedra, difícil de trabajar, costumbre que aún perdura en numerosas casas andaluzas, aunque tanto gigante de hormigón y plástico, llamados bloques de pisos, tratan de exterminarlos, aun sin un éxito excesivo.

⇨ **Los azulejos andalusíes o alicatados,** costumbre que aún perduran en las cocinas y baños de esta amplia España, encontrándose en algunas viejas casas andaluzas en sus patios interiores.

⇨ **Cubiertas de Madera,** que recubren los techos de casas de ricoshombres, palacios y lugares de culto, exquisitamente labradas, siendo el diseño mas clásico el Alfarje, numerosas piezas de madera, entrelazadas en horizontal, ricamente labradas y pintadas en colores en muchas ocasiones.

4. EL ARTE MUDEJAR

4.3 Arquitectura y Decoración Mudéjar

El ate mudéjar aragonés es su máximo ejemplo, y en el Palacio de la Aljafería, mezcla de múltiples estilos, encontraremos un claro reflejo, pero en Andalucía también encontraremos ejemplos claros.

⇨ **La Sinagoga de Córdoba** es un edificio construido en 1315 por alarifes o arquitectos mudéjares, en el Barrio Judío. y su interior es puro mudéjar, otros se van a la lejana Praga, a visitar su impresiónate Sinagoga, que no es sino, una adaptación a posterior, de la original cordobesa.

Múltiples son los edificios de estilo fernandino o Renacentista que conservan construcciones de estilo mudéjar, pero sin duda lao mejor del mudéjar cordobés, la encontraremos en la Mezquita Catedral.

⇨ **La Puerta del Perdón y la Capilla Real de Córdoba,** cuya decoración de los muros con yeserías impresiona, y la bóveda de arcos cruzados, con mocárabes pintados en varios colores o policromados.

Por supuesto que encontraremos en otras ciudades andaluzas claros ejemplos de este estilo único y español, pero si debemos elegir una ciudad, la elección es sencillo.

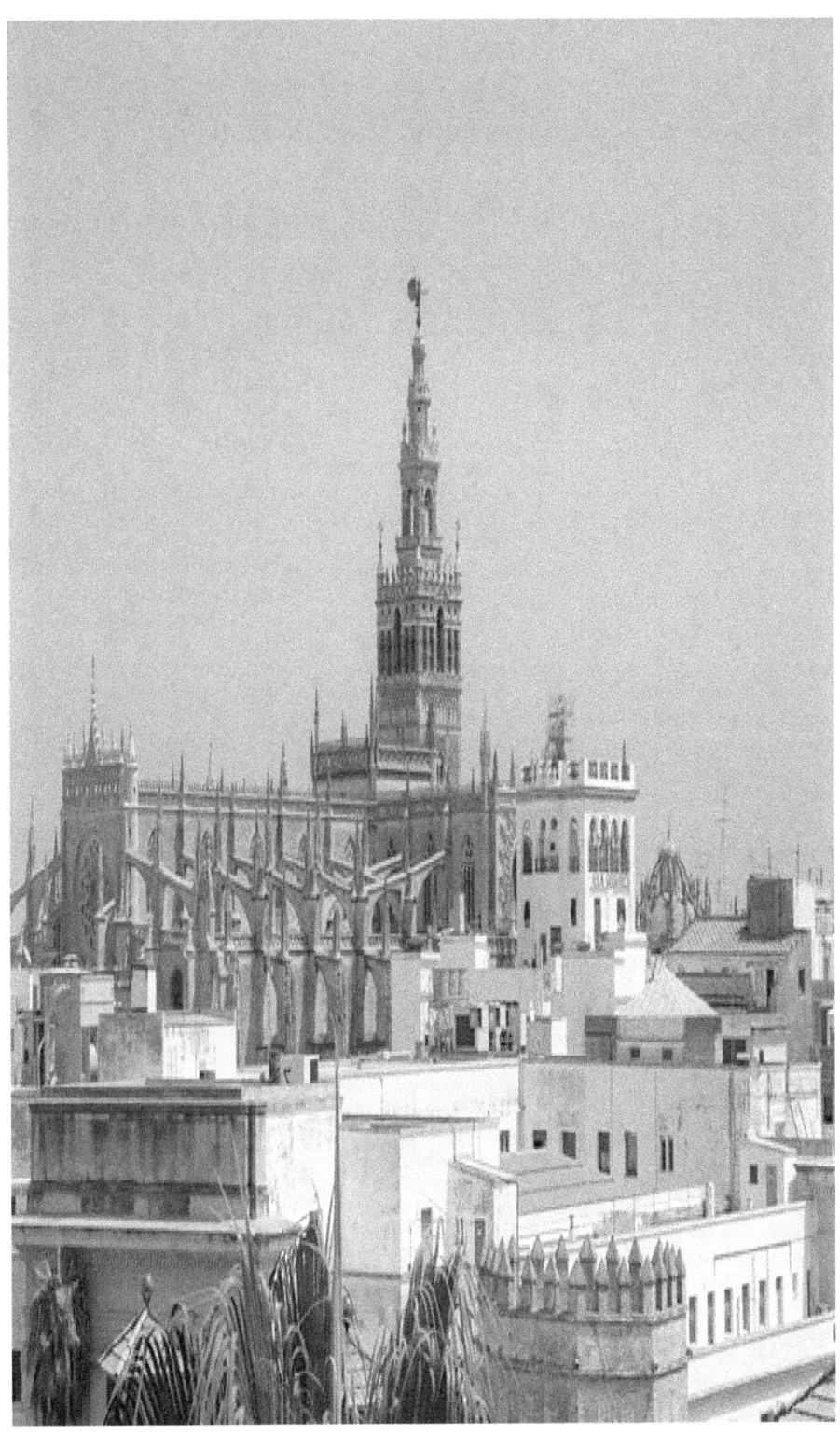

SEVILLA MUDÉJAR

"Los Reales Alcázares de Sevilla"

5. SEVILLA MUDÉJAR.

5.1.1 Sevilla Fenicia o Ispal

Invierno e Infierno, esas son las dos estaciones, desde los remotos tiempos en que un Miguel de Cervantes se inspiraba en esos callejones del Barrio de Triana, repleto de marineros, buscavidas, tabernas de dudosa reputación…

Así es esa Sevilla que ya va por su tercer milenio, **dual o con doble personalidad,** de eterna rivalidad por la capitalidad de esta Bética reconvertida en Al Ándalus, con la Córdoba Romana o Califal, o por la capitalidad económica con Málaga, con sus dos equipos de futbol, el Betis que representa a esa Sevilla más popular, representada por Triana, y el Sevilla C.F, ídolo de ese símbolo ya tópico, el señorito "andaluz".

Gente amable estos sevillanos, os lo cuenta uno que vivió allí algunos años, pero muy suyos, como se dice por el Sur, en parte culpa de ese Río Guadalquivir que les dio vida…

5. SEVILLA MUDÉJAR.

5.1.2 Sevilla Fenicia o Ispal

Un rico comerciante fenicio llamado Melkart...

Un rico comerciante **fenicio llamado Melkart**, ya en año 1000 a.c., navegaba por ese río **Tarsis o Guadalquivir**, en busca de las minas de oro y plata de Sierra Morena para **aumentar sus beneficios y ahorrarse los impuestos** de esa Tartesos mítica, que encuentra al final de su navegar una pequeña pero estratégica isla, en pleno corazón del ya **extinto Lago Ligustinus**, fundando la que sería la primera Sevilla o Ispal.

Ispal, situada en los alrededores **Cuesta del Rosario**, debió alcanzar los 100.000 metros cuadrados, aunque la parte edificada sería apenas un 30% del total, pero lo más interesante **es la mitología**, que algunos lo llevan como si fuera cierto, pues ese Melkart era un magnífico publicista, **exagerando sus hallazgos y aventuras**, como que venció a **Ejércitos de Gigantes** y otras ilusiones que un **buen vino de la tierra andaluza le inspiraban al narrar** y aún lo podemos leer, eso sí, **algo cambiado con el paso del tiempo**, pues ahora **se llaman Los Doce Trabajos de Hércules**, pues Melkart es difícil de pronunciar, y Hércules es su nuevo nombre, más civilizado y mas fácil de recordar.

Íberos eran los habitantes de esta ciudad de Ispal, pues los fenicios siempre fueron una minoría extranjera de comerciantes que residían unos años, regresando a su amada Fenicia, que es el Líbano actual, con los beneficios obtenidos en esos años de negociaciones.

5. SEVILLA MUDÉJAR.

5.2.1 Sevilla o Ispal Tartésica e Íbera

En qué lugar desconocido estaría asentada esta Tartessos?.

Quizás en **algún lugar del Lago Ligustinus,** ahora enterrado bajo cientos de metros de lodo y tierra, durante siglos la han buscado sin encontrar, aunque es habitual escuchar en cada uno de los mil pueblos de Al Ándalus, que está situada a escasos metros de donde nos sentamos a saborear un refrescante gazpacho, en esas horas veraniegas de calor extremo, y Sevilla no es la excepción.

Esos cinco siglos de esplendor, de la primera Civilización de Europa, permitió que muchas ciudades se enriquecieran, muestra de ello es el polémico Tesoro del Carambolo.

⇒ **El Tesoro del Carambolo,** una de las grandes maravillas jamás vista de extintos Imperios, encontrado a las afueras de Sevilla, destacando un brazalete de Oro, aunque son más de veinte las piezas localizadas en el año 1958, adornadas con piedras preciosas ya desaparecidas, polémico y maldito a decir de muchos, casi medio siglo después aún no está disponible para admirar su belleza por los apasionados del arte, se muere de vejez en una decadente caja fuerte por esa desidia administrativa que los diferentes señores de la guerra locales, ya reciclados en barones territoriales o señoritos andaluces.

Polémico también es su origen, primero Tartéssico, luego fenicio en homenaje a la diosa Astarté, todas estas piezas fueron creadas entre los siglos VII y V a.c., con Oro procedente de Sierra Morena, labrados por artesanos andaluces, orientados por maestros fenicios, y para olvidarnos de la tristeza de estos hechos, solo recordar que en el Museo Arqueológico encontraremos algunas imitaciones en cartón piedra…

Los múltiples reinos turdetanos, señoríos decadentes donde reyezuelos de segunda, mal gobiernan, provocando guerras continuas por los despojos de siglos pasados, son los que sustituyen a esa Tarsis o Tartesios unificadora, aunque quedan comerciantes fenicios, pero pocos, nuevos amos, hermanos de los anteriores, los cartagineses.

5. SEVILLA MUDÉJAR.

5.2.1 Sevilla o Ispal Tartésica e Íbera

Amilcar Barca, General cartaginés, que vió perdidas las colonias sicilianas ante el nuevo Imperio Romano en la primera Guerra Púnica, con su ejército de mercenarios del Norte de África y de íberos vendidos al mejor postor, invade el Sur de la Península de Iberia, a sangre y fuego, avanzando por el Río Guadalquivir para alcanzar esas míticas minas de oro y plata del extinto reino Tartesso, situada en Sierra Morena, mas allá de la Córdoba actual, pero algunos resisten, el líder turdetano Istolacion organiza un ejército mal armado, y se fortifican en esa Ispal, que resiste días, pero lo inevitable sucede, siendo los cientos de supervivientes los crucificados ante la mirada impávida de Amilcar Barca, sucediendo tan desgraciado suceso en el año 237 a.c.

Solo recordar que tanta destrucción, eliminó ya ese pasado íbero, tartéssico o turdetano de la historia y la arqueología...

5. SEVILLA MUDÉJAR.

5.3.1 Sevilla Romana o Itálica

L egiones romanas de Escipión el Africano.

En el año 206 a.c., el ejército cartaginés, al mando de Asdrúbal Giscón, superior en tropas y armas, se enfrenta a las Legiones romanas de Escipión el Africano en la Batalla de Ilipa, donde las líneas de mercenarios norteafricanos cartagineses son deshechas con rapidez, pero **las tropas hispanas** o íberas al servicio de Cártago, **resisten durante horas,** pero es en vano, pues la derrota es inevitable y los **líderes cartagineses huyen a galope tendido,** mientras las legiones se dirigen hacia Ispal o Sevilla.

Pequeña resistencia es la de Ispal a las legiones, no desean sustituir antiguos amos por nuevos, y ese Asdrúbal desconfiado había reclutado a la fuerza a los jóvenes ispalíes en sus tropas, pero destinándolos al lejano Norte de Hispania, donde los romanos y bárbaros aún vestían con pieles de animales, campan a sus anchas, pero a las invencibles Legiones nada les puede detener, siendo fácilmente conquistada la ciudad, pero su **lealtad no era de fiar** en opinión de Escipión el Africano, ante lo cual **funda una nueva ciudad,** a escasos kilómetros de distancia.

5. SEVILLA MUDÉJAR.

5.3.2 Sevilla Romana o Itálica

Vicus Italicensis o Itálica.

Vicus Italicensis o Itálica, la nueva ciudad **para las élites romanas**, forma parte de esa dualidad habitual en Sevilla, continuando existiendo Ispal ya llamada Híspalis, para los nativos o íberos, también llamados turdetanos.

Fue la **primera ciudad construida en la Hispania romana**, y la primera construida fuera de la península Itálica, la más antigua de las ciudades hispano romanas, en eterna competencia con la Corduba Romana.

5. SEVILLA MUDÉJAR.

5.3.3 Sevilla Romana o Itálica

L a Ispal reciclada en Hispalis

La Ispal reciclada en Hispalis, se vuelve más vibrante, una próspera ciudad que controla el comercio por la principal arteria de la Bética o Al Ándalus, el Río Betis o Río Guadalquivir, que bajo algunas calles, podremos visualizar algo de ese pasado más plebeyo. En la Calle Mármoles encontraremos varias columnas de algún edificio o templo del cual no podemos adivinar su uso, en **la Alameda de Hércules**, dos impresionantes **columnas recuperadas de Itálica**, rematadas por sendas estatuas de Hércules y Julio César, o el **más eterno Acueducto**, que estuvo en funcionamiento hasta el siglo XX, denominados **Los Caños de Carmona**, aunque son varios los tramos conservados de su vil destrucción en el Siglo XX.

En ese edificio modernista, amado por algunos, odiados por tantos, **Metropol Parasol**, encontraremos un interesante Museo Arqueológico, pudiendo caminar por una pasarela en la que se encuentran viejas edificaciones de ese pasado romano, junto a otros de la época Almohade, aunque lo que sí debemos visitar de manera obligada es el **Museo Arqueológico de Sevilla**, con obras maestras encontradas en toda la Bética, de entrada gratuita y sin agobios de multitudes, eso es lo positivo de de descubrir lugares hermosos alejados unos metros de las rutas más turísticas.

⇨ Debemos en parte **esa grandeza** de esta Hispalis, a ese gran **Julio César,** que fue destinado en varias ocasiones a esta ciudad con diferentes cargos, llegando por primera vez en el año 69 a.c., fundando una nueva ciudad en el corazón de la vieja Ispal, **Colonia Iulia Rómula Hispalis,** que con el paso del tiempo, y por lo largo de su nombre, se quedó en Hispalis.

En pocos años ya **no quedaban íberos o turdetanos**, el pueblo se latiniza, y se **convierten en hispano romanos**, encontrando las primeras referencias en un viejo documento escrito por la mano de Julio César, el Bellum Civile, de interesante lectura para los apasionados de ese período histórico.

5. SEVILLA MUDÉJAR.

5.3.3 Sevilla Romana o Itálica

Dicha Hispalis debió contar con un gran astillero, un Foro acorde a su importancia y un Anfiteatro, que deben ocultarse bajo las cientos de edificaciones de esta moderna Sevilla, amada y embellecida con pasión por Julio César, aunque fue un amor poco correspondido por la otra parte, que eran estos nuevos ciudadanos hispanos romanos.

5. SEVILLA MUDÉJAR.

5.3.4 Sevilla Romana o Itálica

Itálica o Vicus Italicensis.

Itálica o Vicus Italicensis, **sobrevivió durante algunos siglos** como residencia de los más poderosos y ricos de esta Bética, que fueron el centro del mundo durante los Siglos I y II sólo superado en importancia por Roma, siendo ésta gobernada por los que algunos definen mejores emperadores, **los andaluces nacidos en Itálica,** Marco Ulpio **Trajano,** gran arquitecto de Roma, que nos ha legado en esa Italia nostálgica de su pasado, el **Foro de Trajano** o la **Columna de Trajano,** entre otras obras faraónicas.

Buen administrador, castigando ferozmente la corrupción, apoyó el resurgir del Senado, como ente autónomo de gobierno, **conquistó la indómita Dacia,** legando un idioma, el Rumano de cartear latino en un mar de palabras y países eslavos, **sometió la Arabia Pétrea,** que abarcaba la ciudad de Petra, y la mayor parte de Arabia, ensanchando hasta el infinito el Impero Romano, que ningún emperador a posteriori consiguió emular, a pesar de los cientos de intentos.

Generoso con las minorías y los pobres, impidió la persecusión de judíos o cristianos, fundó instituciones de ayuda para huérfanos en su alimentación y educación, legisló para tratar de impedir los latifundios apoyando a los pequeños campesinos, y un largo etcétera… esas son algunas de sus obras como Emperador, y para finalizar su obra, **designó sucesor a un Publio Elio Adriano,** evitando crear un sistema hereditario que dieran el poder a hijos negligentes, incapaces de gobernar.

Publio Elio Adriano, nacido en esta Itálica de la Bética o Andalucía, trató de gobernar con eficacia, aunque diversas guerras estuvieron a punto de estallar, pero su habilidad para la diplomacia las evitó, logrando por fin un acuerdo de **paz estable con el Imperio Parto,** para solventar el eterno dilema con los bárbaros del norte de la Britania. Estableció el **Muro de Adriano,** que aún perdura, trató de conseguir una paz estable con los Judíos de Israel, pero líderes religiosos fanatizados lo impidieron, provocando la muerte de miles de inocentes.

5. SEVILLA MUDÉJAR.

4.3.4 Sevilla Romana o Itálica

Su afán constructivo fue importante, teatros y baños públicos para disfrute de los plebeyos, la elección de unos funcionarios para la administración basado en el mérito, no en los lazos familiares, visitando en múltiples ocasiones diversas provincias romanas, desde la Britania hasta la Anatolia, en la actual Turquía, y sin olvidar **Grecia y Atenas**, donde financia la terminación del **Templo de Zeús Olímpico**.

⇨ **Itálica contó con fuertes murallas,** construidas por el Emperador Augusto, ampliadas por Trajano y Adriano, de la cual apenas nada perdura, el ya comentado Museo Arqueológico de Sevilla almacena magníficas obras de este lugar, y entre las obras arquitectónicas que perdura, es el **Anfiteatro Romano de Itálica**, con más de 25.000 asientos, uno de los mayores de Hispania mandado construir por Adriano de más de 20.000 metros cuadrados con tres niveles de gradas, un amplio foso para la lucha de los gladiadores, quizás uno de los mejores conservados, pero su saqueo sistemático perduró hasta el Siglo XX. Si nos desplazamos por la antigua carretera de Extremadura, veremos que sus cimientos, se extrajeron de la "cantera de Itálica" y de esto hace pocas décadas, su planta original mantiene una gran similitud con el Coliseum romano, aunque de menor tamaño.

El **Teatro romano de Itálica**, la primera gran obra arquitectónica de la Hispania Romana, se construyó en el Siglo I a.c, pero sus reformas continuaron otros dos siglos, siendo utilizado hasta un tardío Siglo V, con capacidad para 3.000 personas, supera ampliamente la mayor parte de los Teatros actuales, pues grande era la afición por este arte, manteniendo la estructura clásica, semicircular, con la zona de gradas, dividida en tres niveles, cada cual destinada a un público de diferentes riquezas, patricios o nobles, caballeros de clase ecuestre o ricos comerciantes y plebeyos o el pueblo, y si nuestro tiempo y presupuesto es elevado, asistir al **Festival Internacional de Danza Itálica**, es un privilegio que nos hará retroceder casi veinte siglos en el tiempo.

Las **Termas romanas de Itálica**, fueron varias, pero las Termas Mayores, de 30.000 metros cuadrados, construidas por Adriano, con **suelo de mármol y mosaicos de gran calidad**, contaban con frigidarium o baños fríos, tepidarium o baños templados, caldarium o baños calientes, natatio o piscina, gimnasio, biblioteca, etc.

También podemos visitar el Traianeum o Templo dedicado al emperador

5. SEVILLA MUDÉJAR.

4.3.4 Sevilla Romana o Itálica

Trajano, múltiples **Villas o Casas Patricias**, donde habitaban las familias más importantes de planta romana con un patio interior, thermas privadas, habitaciones para los señores y habitaciones serviles para esa legión de esclavos y libertos que eran necesarias para su funcionamiento, son muchas para ser nombradas, aunque la **Casa del Planetario y de los Pájaros,** con espléndidos mosaicos bien conservados, son de obligado paso.

Muchos son los elementos originales que se conservan, siendo aún más los que aún no se han descubierto, que con una decadencia que se inicia a principios del Siglo IV, quedando como un lugar destinado al pastoreo y guarda de animales, aunque un **intento de recuperación,** con una breve restauración de sus murallas por el **Rey Visigodo Leovigildo** en el Siglo VI, fue un fracaso más en su historia, pues su muerte había sido anunciada con el nacimiento de Híspalis o Sevilla.

5. SEVILLA MUDÉJAR.

5.4.1 Sevilla Visigoda

Invasiones **bárbaras de suevos**, alanos y aún más feroces, **los vándalos**, la someten a distintos saqueos a esta Hispalis ya de olvidado pasado esplendoroso, aunque los **visigodos bárbaros romanizados**, en pleno Siglo VI, conquistan la mayor parte de Hispania, y de regalo la Bética, siendo nombrada capital regional Spalis, nuevo nombre para esta Hispalis, aunque su Capital Imperial es Toledo.

De esta época, es la Basílica paleocristiana de San Vicente, una de las primeras Iglesias cristianas construidas en la antigua Hispania Romana, pero numerosas veces reconstruida, primero por los visigodos, luego reconvertida en Mezquita, para **finalizar como Iglesia de San Vicente**, de estilo **gótico mudéjar**, que quizás no sea las más bella de Spalis, pero si una de las más interesantes.

Los **intentos de Justiniano** de volver a la grandeza del antiguo Imperio Romano, pero ahora en Constantinopla, no logran llegar hasta Spalis, que se convierte en el feudo de uno de las más poderosas familias visigodas, que aporta varios reyes a este recién creado Reino Visigodo, siendo en algún momento puntual capital Imperial.

Extraño sistema de elección de reyes tenían los visigodos, ya que no creían en la monarquía hereditaria, todos los nobles eran iguales ante la ley, y tenían derecho a suceder al rey ya fallecido, para lo cual, en cónclave reunido lo elegían, pero es teoría lo comentado, sangrientas guerras civiles, cada pocas décadas, a veces años, se sucedían para alcanzar ese título, el eterno dilema, **un buen sistema**, se transforma **en brutal por la avaricia** de esos Señores de la Guerra, Nobles o Poderosos.

5. SEVILLA MUDÉJAR.

5.4.2 Sevilla Visigoda

Hispania unificada.

Ya estamos en una **Hispania unificada,** entrando en un nuevo siglo VIII, donde gobierna el **Rey Égica,** de la poderosa **familia visigoda de Spail o Sevilla,** dueños y señores absolutos de esas fértiles tierras que bordean el Río Guadalquivir, Obispos de su misma sangre se hacen con el control religioso de toda la Bética, tal es su poder, que antes de fallecer nombra sucesor a su mediocre hijo Witiza, y su mano derecha, a su hermano Oppas, Obispo de Ispal y comandante de su **poderoso ejército de 10.000 soldados.**

Hasta el **último noble se opone a tamaña ofensa,** designar a un **pequimetre como Rey,** contraviniendo todas las tradiciones, además de ser de limitada bondad e inteligencia, decidiendo elegir un **nuevo Rey legítimo, Rodrigo,** que con sus leales tropas, consiguen la rápida rendición de esa poderosa familia, la de los Witiza, pero en un exceso de generosidad, los perdona, permitiéndoles regresar con sus tropas a su poderoso feudo Ispal en la Bética, en el año del Señor número 710.

⇨ **El Castillo de San Jorge o de Triana,** de orígenes visigodos, pero reformado y ampliado en época musulmana, los **Almohades construyeron el Puente de Barcas** a sus pies, el primer puente estable, viejas barcas de madera entrelazadas, que perduró casi siete siglos que unía Sevilla con los arrabales o Triana, **posterior Sede de la Inquisición,** lugar en que se juzgaron a miles y fueron ejecutados cientos, luego fue propiedad del Conde Duque Olivares, y de otros tantos, hasta finalizar siendo parcialmente destruído, construyendo en su lugar el Mercado de Abastos de Triana en el Siglo XIX, y a fines del Siglo XX, demolido, con ello **recuperándose partes del viejo castillo visigodo y un cementerio almohade,** mucha historia en un trozo de terreno tan escaso que podemos visitar mientras compramos algo de fruta en este nuevo Mercado.

5. SEVILLA MUDÉJAR.

5.5.1 Sevilla o Isbililiy musulmana

L lorada Batalla la del Río Guadalete.

Llorada Batalla la del Río Guadalete, donde las **cansadas huestes del Rey Rodrigo**, en el año 711, que con su ejército de 15.000 nobles caballeros, reforzados en sus flancos por los 10.000 mercenarios de la familia de Witiza, señores de Ispal o Sevilla, al mando del Obispo Oppas, hermano de tan infame nombre, se **enfrentan a esos bárbaros del Norte de África** que profesan una nueva Fe aún desconocida por la mayoría.

Cual mala es la ignorancia, ni podrían imaginar que **han sido llamados por los Witiza**, prometiéndoles Oro y Dádivas, jamás tamaña maldad pudiera ser imaginar, y menos aún que en plena batalla, cuando esos **invasores llamados musulmanes están a punto de ser derrotados**, por la **espalda y sin piedad atacan estos Witizas** a los ya cansados **soldados del buen Rey Rodrigo**, cometiendo una espantosa carnicería, que no perdonó a jóvenes ni viejos, heridos o enfermos, **tanta sangre es la derramada**, que el **Río Guadalete se tiñó de Rojo**, muriendo este valiente Rey al lado de sus bravos soldados, llorando tamaña traición.

Así finaliza el Reino de los Visigodos, y comienza **siete siglos de dominación musulmana**, que con sus contrastes, realizó unas **aportaciones tan extraordinarias**, que hacen de España el lugar con **más legado cultural del mundo entero**.

5. SEVILLA MUDÉJAR.

5.5.2 Sevilla o Isbililiy musulmana

C apital provisional del nuevo Reino Musulmán.

Tres o cuatro años, hasta el 716, **esta nueva Isbiliya,** nombre que daban los nuevos conquistadores a Sevilla, es **capital provisional del nuevo** Reino Musulmán, durante el mandato del emir Abd al-Aziz, aunque sus obras arquitectónicas debieron ser insignificantes, **algún oratorio musulmán,** quizás próxima al antiguo Alcázar o Castillo Visigodo, y la adaptación de este nuevo campamento de la guarnición militar dejada por los musulmanes en la ciudad para su control, con nuevas dependencias acordes a sus necesidades, como caballerizas, dormitorios, etc, pero de lo cual no nos queda constancia en piedra o ladrillo.

Debate dual en esta Isbiliya o Sevilla, conquistada de manera pacífica por el nuevo invasor con la ayuda de los traidores de Witiza y de la Comunidad Hebrea en el año 711, aunque ya es más minoritaria esta idea, ya sea por los hechos históricos, o por olvidar un pasado de traiciones y destrucción de la cual fueron partícipes.

La nueva moda histórica, es que **resitió meses a la conquista,** cayendo en el año 712, después de la huida de las escasas tropas visigodas con el apoyo exclusivo de los "malvados" hebreos.

⇨ **Años convulsos** debieron ser los siguientes, cuando ya los cristianos asumieron que habían llegado los nuevos conquistadores para quedarse, y debían rendir pleitesía a un lejano Califa asentado en Damasco, **sublevaciones de antiguos servidores de los Witizas,** mal coordinadas por su eterno enfrentamiento con los leales al fallecido Rodrigo, fueron fácilmente sofocadas en esta Sevilla o Isbiliya, trasladándose por ello, la capital a Córdoba, ya pacificada a sangre y fuego años atrás.

Convertida en una Cora o pequeña provincia de este nuevo Emirato baja dependencia de Damasco, **su importancia política es nula,** pero el comercio se amplía, y se nota cierta prosperidad en manos de los nuevos señores cristianos reconvertidos en musulmanes, una comunidad hebrea en expansión…

5. SEVILLA MUDÉJAR.

5.5.2 Sevilla o Isbililiy musulmana

Período de adaptación o transición que continúa durante medio siglo, la conversión por motivos económicos es lenta pero importante, las antiguas élites visigodas cambian de nombre y fe, que el pueblo más reacio imita lentamente, que todo hace cambiar cuando de la nada **surge un jóven príncipe de sangre del profeta,** un **omeya exiliado llamado Abderramán,** entrando por las puertas de Sevilla o Isbiliya, en el año 756.

5. SEVILLA MUDÉJAR.

5.6.1 Sevilla o Isbililiy o Emirato de Al Ándalus

Emirato de Al Ándalus.

Muchos son los peligros a los que se enfrentan los nuevos Emires Independientes Omeyas y el Reino Cristiano de Bobastro, el mayor de ellos, en pleno corazón de Al Ándalus, llegó a estar situado en sus momentos de máxima expansión, a escasos kilómetros de Sevilla y Córdoba, escasamente conocido por el público en general y ocultado por historiadores interesados, mientras los reinos cristianos del norte, preferían las luchas intestinas a cualquier otro planteamiento.

⇨ Este **viejo Alcázar visigodo**, remodelado como campamento militar y casa residencial del gobernador o caíd, sufre las primeras reformas o derribos parciales, con el fin de asentar ya un **Palacio digno de un Emir**, y una **Alcazaba militar** para la defensa de la ciudad Isbiliya, o más bien, para controlar a esa amplia población que aún conserva su religión cristiana o mozárabes.

El primero que inició estas reformas arquitectónicas en Isbiliya, con un objetivo político militar, fue Abderramán I, que con los siglos sería llamado Reales Alcázares de Sevilla.

Sus sucesores, ya en el siglo IX, realizan dos grandes obras que marcaron la ciudad, hasta la llegada de nuevas olas de fanatismo religioso, pero en ese breve lapso de tiempo, Córdoba y Al Ándalus fueron el centro cultural del mundo.

⇨ **La Alcaicería de la Loza o Mercado de la Seda,** construido en un temprano Siglo IX, imitando un estilo bizantino, con callejuelas, tiendas protegidas del sol ardiente del verano, talleres con artesanos procedentes de medio docena de reinos, rodeadas de murallas, con grandes verjas de hierro, que cerraban sus puertas al anochecer, así era, algo de su pasado encontraremos en la Calle Alcaicería de la Loza.

La Mezquita Mayor o Aljama, es siempre el corazón de la ciudad, y alrededor de ella, madrazas, baños árabes, bibliotecas y un sinfín de servicios adicionales, y que mejor lugar que junto a la Alcaicería.

5. SEVILLA MUDÉJAR.

5.6.1 Sevilla o Isbililiy o Emirato de Al Ándalus

La **Mezquita Ibn Adabbas o primera Mezquita Aljama de Isbiliya,** fundada en el año 829, y durante tres siglos y medio retuvo dicho título, estando situada en las cercanías de la Alcaicería de la Loza, en lo que hoy en día es la **Iglesia Colegial del Divino Salvador,** construida sobre una Basílica cristiana hospanovisigoda, que como era habitual, fue demolida por los nuevos amos o fe predominante.

En dicha Mezquita, se encontró las **inscripciones fundacionales** más antigua encontradas en Al Ándalus, **en homenaje de Abderramán II,** y algunos restos aún podemos ver, los primeros diez metros del campanario, pertenecen al alminar o minarete musulmán, las columnas de mármol hispano visigodas, que encontramos en el Patio de las Abluciones o Naranjos, son las que ya disponía la Mezquita Ibn Adabbas, que se construye con materiales en parte saqueados de construcciones previas, de su estructura sabemos que estaba distribuida en ocho naves, separadas por columna de mármol, que sustentaban arcos de herradura.

En ese mismo Siglo IX, **las hordas de bárbaros vikingos,** con afán de pillaje, atacan todas las ciudades principales que bordean la parte navegable del Río Guadalquivir, sufriendo en particular Isbiliya y sus lugares de culto, pero después de décadas de combates navales, son vencidos, su primera gran derrota, en sus dos siglos de pillaje por toda Europa, siendo el principio del fin del mito de su invencibilidad.

5. SEVILLA MUDÉJAR.

5.7. 1 Isbililiy o Califato de Al Ándalus y las Taifas

Abderramán III.

Abderramán III, ya **primer Califa de Al Ándalus,** no soporta la eterna dualidad de Isbiliya, o quizás, más bien, NO desea que los caíd o gobernadores tengan un poder excesivo, y aunque su población son solo unos docenas de miles de personas, casi nada comparado con los centenares de miles que llegara a poseer esa Corduba Imperial, adopta **una serie de medidas, que la empequeñecen.**

⇨ **Amplía el Alcázar, dotándolo ya de una verdadera Alcazaba,** y de unos preciosos Patios o Jardines de la Alcubilla, que siglos después seria llamado Reales Alcázares de Sevilla, **destruye las murallas de la ciudad** milenarias, de origen romano, que habían sobrevivido a la época visigoda y a los dos primeros siglos del poder musulmán en la antigua Hispania romana.

⇨ Numerosas debieron ser las mezquitas construidas en este período histórico, pero pocos datos quedan, solo algunos restos de la llamada **Mezquita de los Osos,** donde podemos observar algunos arcos de herradura poliobulados, situada sobre un templo romano previo, convertido en Hospital de Santa Marta.

De dicho Hospital, destinado a socorrer a pobres y enfermos, construido en el año 1385, solo podemos ver la pequeña pero hermosa Plaza de Santa Marta, con una cruz de estilo renacentista, obra de los Hernán Ruiz, y unos portales, antiguas entradas al Convento de la Encarnación de estilo renacentista, gótico y neoclásico, una visita obligada para conocer esa Sevilla cristiana.

Al Ándalus Califal se muere, y su mayor **homicida es ese Almanzor** genocida, breves y tristes guerras civiles a posteriori, dan origen a múltiples Taifas o Reinos, gobernados por generales sin piedad, que solo piensan en enriquecerse y defender sus conquistas…

⇨ **Las Murallas de Isbiliya,** mandadas construir en el año 68 a.c **por Julio César** y ampliadas con inmensos torreones fortificados por su sucesor, el gran

5. SEVILLA MUDÉJAR.

5.7. 1 Isbililiy o Califato de Al Ándalus y las Taifas

Augusto, se conservan en buen estado hasta principios del Siglo X, cuando Abderramán III las desmantela, utilizando sus restos para las nuevas y amplias murallas del Alcázar, que una podemos observar.

5. SEVILLA MUDÉJAR.

5.7. 2 Isbililiy o Califato de Al Ándalus y las Taifas

Abú al-Qasim, gobernador de Isbiliya, logra movilizar un ejército de conciudadanos, que logran derrotar a esas inmensas hordas de mercenarios bereberes que sirvieron a Almanzor, que al carecer de un Señor de la Guerra que les pague en Oro y plata, saquean por décadas esta Al Ándalus.

Su primera medida, que acapara los escasos recursos económicos, es la construcción de **unas enormes murallas defensivas,** labor que le ocupa más de una década, que medía **más de siete kilómetros,** y con casi doscientos torreones fortificados y una docena larga de puertas de acceso, que le permiten sobrevivir en una relativa tranquilidad a esta ya pobre Isbiliya.

Con el paso de las décadas, nuevos reyezuelos más indignos aún, llaman en su ayuda a **ejércitos de nuevos fanáticos islamistas,** en esos eternos ciclos del Islam, un mar de tranquilidad y tolerancia, con el resurgir de enormes olas de integrismo, esta vez llamados Almorávides y Almohades, y que en pleno Siglo XXI, se llaman DAES.

5. SEVILLA MUDÉJAR.

5.8.1 Isbililiy o el Imperio Almorávide

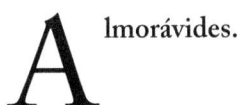

Almorávides.

Relatar la conquista de Al Ándalus por los Almorávides, **es repetir lo mismo una y otra vez,** solo es cambiar nombre y fechas, y apenas nada se diferencia de la primera conquista de los musulmanes del Reino Visigodo en el año 711, es decir, **traiciones entre todos,** guerras por el poder y las riquezas…

5. SEVILLA MUDÉJAR.

5.8.2 Isbililiy o el Imperio Almorávide

Almorávides o un Islam radicalizado, procedentes de mas allá de Marruecos, de las zonas desérticas que los bordean, ese inmenso Sahara, que hace nacer sobre él a cientos de "profetas" sedientos de sangre, que fácilmente conquistan el Norte del Magreb y Al Ándalus, pero como siempre, esta hermosa tierra regada por el Río Guadalquivir, hacen que los extremismos se diluyan…

Isbiliya, es elegida **capital de este Al Ándalus Almorávide,** por sus inmensas murallas mandadas a construir por Abú al-Qasim, verdaderas fortalezas prácticamente inexpugnables, que son ampliadas en este período.

⇨ **Los mocárabes,** es la gran aportación a la arquitectura de estos almorávides, que se inspiran para su belleza, en esta Al Ándalus que tanto llegan a amar, una bella decoración de yeserías y/o madera, que parecen estalactitas colgantes, **formado por prismas convocas y conversas yuxtapuestas**, que todos imitarán desde los almohades a los nazaríes…

Vida ya disoluta, de esas nuevas élites, tras los muros de ese Alcázar embellecido, **mientras exprime al pueblo,** con tropas mercenarias que debe pagar con buena plata y pocas propensas a sacrificar sus vidas en defensa de terceros, así son los **últimos años del Imperio Almorávide,** que un nuevo islam radicalizado, de manos de bereberes del Atlas norteafricano, los Almohades, que a sus ojos todo es impío, y solo merecen la más vil de las muertes, saquean primero sus feudos del Magreb y sus capitales, Marrakech y Rabat, y a posteriori, cruzan esos apenas quinces kilómetros que nos separan, arrasando a sangre y fuego a estos andalusíes…

Destruyen todo lo que recuerde a los Almorávides, tanto, que apenas nos queda nada de esas hermosas creaciones, y hasta las murallas, ampliadas por los Almorávides, son reconstruídas por ellos, para olvidar su legado.

⇨ Aunque las murallas fueron reconstruídas, las **13 puertas de entrada a Isbiliya,** embellecidas por los **almorávides,** se **conservan en parte,** de las cuales podemos destacar a algunas, **La Puerta de la Macarena o Bab–al-Makrin,** situado frente a la Basílica de la Macarena, es una de las originales que permitían el acceso a la ciudad musulmana, aunque ha sido remodelada en diversas oca

5. SEVILLA MUDÉJAR.

5.8.2 Isbililiy o el Imperio Almorávide

siones, el último en estilo neoclásico, y su historia es ya milenaria.

La Puerta de Córdoba o Mexuar, aunque conocida con múltiples nombres, de la Judería, de la Carne o de las Perlas, era el único acceso a la Judería Sevillana, que siempre contó con una amplia población hebrea, a pesar de los problemas regulares a los cuales se encontraban sometidos, es una de las mejores conservadas, y la podemos admirar en la Iglesia de San Hermenegildo, a la cual está anexa.

La pequeña **Puerta o Postigo del Aceite,** sita en la calle Almirantazgo, muy reformada en su interior y podemos observar algunos detalles, como la representación de San Fernando en piedra labrada.

De las otras Puertas, como la del Arenal, o la Victoria, la Puerta Real o la Puerta del Sol, es solo historia escrita…

5. SEVILLA MUDÉJAR.

5.9.1 Isbililiy o el Imperio Almohades

A tlas mitológico...

Ese Atlas mitológico, **súper poblada y pobre,** cantera **eterna de feroces guerreros,** servidores de infinitos imperios durante milenios, como bravas tropas a cambio de una buena soldada, pagada en oro y plata, ahí **nació Abu Abd Allah Muhammad Ibn Tumart,** profeta de un nuevo Islam más radical, que entre esos bereberes indómitos encontró sus mejores fieles…

Aplicado estudiante en una Córdoba alejada de sus tierras y tradiciones bereberes, a la cual consideró corrupta y necesitada de una limpieza basada en la sangre, su largo peregrinaje le llevó inclusive hasta Persia, **aprendiendo de grandes maestros lo que quiso aprender, ignorando lo más importante,** que es *el Islam de paz y justicia predicado por el Profeta Mahoma,* no era su visión de un nuevo resurgir de un Califato radicalizado e intolerante en pleno Siglo XII.

5. SEVILLA MUDÉJAR.

5.9.2 Isbililiy o el Imperio Almohades

El general de sus tropas, Abd al-Mumin, de rica familia militar, le sucede y **se nombra primer Califa almohade,** arrasando en su conquista todo pasado almorávide, prueba viva de ello, es Marrakech, capital imperial, y sus dos capitales provinciales, Rabat o Ciudad Fortaleza desde la cual partían sus **inmensas flotas navales** con el objetivo de conquistar a todo ese Occidente impío, y Sevilla, desde la cual reinaron Al Ándalus, con el objetivo de su invencible Ejército volvieran a atravesar los Pirineos con destino a París y Roma.

Infinito y fanatizado era este Ejército Almohade, formado por **centenares de miles de soldados,** desde voluntarios andalusíes, a soldados bereberes del Atlas, a mercedarios kurdos o Guzz, la mejor caballería de este fin de siglo, a 10.000 Guardias negros, antiguos esclavos del Senegal islamizados, y para mayor deshonra occidental, miles de cristianos renegados.

Apenas son treinta mil los soldados cristianos, procedentes de una docena de reinos, inclusive Templarios reconvertidos en **Caballeros de Calatrava** participan, los únicos que tratan de impedir su paso hasta el corazón de Europa, sin ninguna esperanza pero con toda la fe, de hacer algo justo, sacrificar sus vidas para salvar a los demás.

Fue un 16 de Julio de 1212, en los límites del conocido desfiladero de Despeñaperros, en donde sucede algo que **marcará la Historia Europea** para los próximos mil años, la **Batalla de las Navas de Tolosa,** donde por algún misterio desconocido, los cristianos, **con 300 Caballeros de Calatrava a la cabeza,** en una carga de caballería, destrozan las filas de centenares de miles de fanáticos yihadistas.

Todos recuerdan **como los 300 espartanos en Maratón,** detuvieron unos días a ese inmenso Ejército Persa, pero perdieron sus vidas y la Batalla! pero casi nadie recuerda, que **300 españoles se enfrentaron a ese inmenso Ejército Almohade,** y los VENCIERON!!! cuan injusta es la historia, y **más grande aún es la ignorancia de nuestro pasado.**

Incluso, en los regímenes más bárbaros, el arte perdura aunque su objetivo sea crear más intolerancia, empeño en el cual siempre fracasan…

5. SEVILLA MUDÉJAR.

5.9.3 Isbililiy o el Imperio Almohades

La **Mezquita Mayor o Aljama de Isbiliya,** empezada a construirse en el año 1172 y finalizada una década después, de manos del **Califa Almohade Yúsuf I,** con una estructura clásica, y una decoración sobria y poco llamativa, pero con algo excepcional, **su minarete o alminar,** que un milenio después, aún impresiona, tres fueron los ordenados construir, el hermano de Sevilla, el nunca finalizado de Rabat, y el más grande de los tres, el de la **Kautabia de Marrakech,** con más de setenta metros de altura.

El Sahn o Patio de los Naranjos, aún conserva parte de esta Mezquita Mayor, fue construido entre 1188 al 1896, rectangular y de un tamaño mayor de 3.000 metros cuadrados, utilizando ladrillos para ello, material más económico y austero, con dos naves laterales, apoyadas por arcos de herradura, que aún podemos ver en la llamada **Puerta del Perdón,** que además las hojas de las puertas conserva bronce chapado y yeserías de dicho período, y en la llamada Puerta del Lagarto un techo con mocárabes, sin olvidar una docena de aljibes de agua, necesario para la ablución o limpieza antes del rezo.

Por si aún no reconocemos el lugar, **estamos situados en la Catedral de Santa María de la Sede o Catedral de Sevilla,** y volviendo a esos alminares o minaretes tan representativos del arte almohade, el de la Mezquita Mayor ya llamado Giralda, es digno de describir.

Su base, construida en piedra, aún se conserva, aunque la parte final era en ladrillo, pues necesitó una década para su finalización, con cuatro bolas de bronce, quizás bañadas en Oro en su parte superior, con ello debió medir unos 80 metros **y en vez que escalera, una serie de rampas,** para que el **Califa guerrero** almohade, **pudiera subir a caballo,** para mostrar su grandeza político militar, todo ello ha sufrido importantes modificaciones, en el período ya cristiano.

5. SEVILLA MUDÉJAR.

5.9.4 Isbililiy o el Imperio Almohades

C alifa Almohade Yúsuf I.

Restauró las murallas, reformó las Puertas de entrada a la ciudad, creó nuevas alcazabas, todo ello como medidas militares que aún podemos observar en algunos **restos de las murallas del Real Alcázar de Sevilla,** al cual se merece un capítulo entero, como una de las siete maravillas del Al Ándalus, y otra parte que se conservan de estas murallas, las encontraremos en el Barrio de la Macarena, junto a la Torre Blanca, pintada en blanco y construida en ladrillo y argamasa.

Otras de origen almohades, es la **Torre de la Plata o Azacanes,** la **Torre Abd el Aziz o Torre del Homenaje,** lugar donde colocaron por primera vez la bandera de Castilla, cuando fue conquistada por Fernando III el Santo, en el año 1248.

Más conocida es la Torre del Oro, que con sus treinta y seis metros de altura, es la mejor conservada, y su cercanía al Río Guadalquivir y sus doce lados, algo poco habitual, la hacen hermosa de admirar.

Una veintena deberían ser las Puertas que disponía la Isbiliya almohade, aunque existen aún media docena, ninguna muestra restos de este Imperio, aunque son dignas de visitar, como La Puerta de la Macarena, por donde el emperador Carlos V entraba en sus visitas ya a esa Sevilla cristiana, o la Puerta de Carmona, donde finalizaban el Acueducto o Caños de Carmona, o la Puerta Real.

5. SEVILLA MUDÉJAR.

5.9.5 Isbililiy o el Imperio Almohades

El Puente de Barcas, el primer puente de Sevilla.

Obras de infraestructuras básicas, como una nueva **Alcaecería Mayor o de la Seda,** cientos de artesanos dedicados al comercio de la Seda y otros artículos de lujo, fue construido junto a la **nueva Mezquita Mayor o Aljama,** un nuevo Acueducto sobre los anteriores romanos que traían miles de litros de agua de las cercanas montañas a un gran aljibe, que regaban multitud de fuentes públicas, albercas, baños árabes y el **Real Alcázar de Sevilla,** una gran obra maestra, digna de romanos pero realizadas por andalusíes, que la escasa visión de futuro, hicieron que fueran demolidos en el año 1992.

El Puente de Barcas, el primer puente de Sevilla y que **perduró siete siglos,** que atravesaba el Río Guadalquivir, uniéndolo con Triana, la fértil vega que suministraba los vitales alimentos a la ciudad y facultó un próspero comercio. También tuvo una función militar que volvía a esta Isbiliya en casi inexpugnable, una idea simple y eficaz a la vez, cientos de barcas unidas por gruesas cadenas, sobre las cuales se asentaban miles de tablones de madera.

5. SEVILLA MUDÉJAR.

5.9.6 Isbililiy o el Imperio Almohades

Reales Alcázares de Sevilla, cuyos orígenes como mínimo se remontan al Siglo VIII y el Patio de la Alcubilla, se supone de dicha época, pero lo más destacable es el Patio de las Yeserías, construido con material saqueado de Medina Azahara, es de estructura rectángular, con tres arcos de herradura en el lateral izquierdo y el lateral derecho, varios arcos ornamentales bellísimos labrados en yeso, es considerada la obra maestra de la arquitectura civil almohade.

El Palacio Jardín de la Buhaira, copia a menor escala de Medina Azahara, con un gran pabellón o palacio central, con múltiples fuentes y albercas, un amplio jardín andalusí, envuelto de inmensas huertas, fueron ya hace tiempo sustituídos por construcciones cristianas, pero revisarlo quizás nos de una idea de su grandeza pasada, aunque si nuestro propósito es mayor, visitar Marrakech, la capital imperial de los Almohades o quizás la Ciudad Imperial de Meknes, construida en el Siglo XVIII en un estilo andalusí inconfundible, es otra alternativa.

Un debilitado Imperio Almohades, que ya más bien es un reino, incapaz de defender sus fronteras, hacen de Al-Ándalus un nuevo reino de taifas, pero aún así, las enormes murallas y torreones de esta Isbiliya fortificada, la casi invencible, pero un rey generoso, **Fernando III**, que **jamás mandó matar a inocentes**, permitiendo a los vencidos que se marcharan en paz después de la conquista de Corduba musulmana ya llamada Córdoba, y así **se decide a asediar a la antigua capital de este imperio** extinto, Isbiliya o Sevilla.

5. SEVILLA MUDÉJAR.

5.9.6 Isbililiy o el Imperio Almohades

Fernando III, el Santo, que **jamás mandó matar a inocentes.,,**

Ordena construir en el **Mar Cantábrico una pequeña flota** de una docena de galeras, con la cual derrotan a la poderosa flota benimerines que ya salían de Tánger con destino al Al Ándalus. Estos barcos escasos, pero veteranos, **navegan río arriba hasta las afueras de la ciudad**, donde encuentran ese **Puente de Barcos reforzados por miles de cadenas del mejor acero** que suministra la savia, que nutre la resistencia musulmana con armas, alimentos y agua, haciendo aún más inexpugnable la ciudad Isbiliya.

Miles de hombros levantan a pulso estos viejos barcos en un largo caminar de kilómetros ardientes, hasta dejarlos en la parte superior del Río Guadalquivir, más allá de la ciudad, donde el agua es brava y veloz, **en una de esas noches donde el viento y las lluvias hacen imposible hasta el caminar**, hasta que un crujido que hace retumbar las murallas, y escaso minutos después, otro más, hacen saltar en mil pedazos ese puente maldito.

El ya casi anciano Ramón de Bonifáz, marinero de agua dulce según sus enemigos, **almirante** por nombramiento de su amigo Fernando III, de una **flota insignificante, vencedor de la poderosa armada Benimerines**, al mando de **su nave capitana ayudado** por un grupo de voluntarios, había lanzado su **maltratado barco** en esa noche revuelta **contra ese Puente de Barcas**, un cascarón de madera contra una línea de acero, madera y tierra, casi rompiendo esas cadenas que impiden que sus tropas entren en Sevilla.

Un segundo barco, al mando de un jóven capitán en edad, pero no en experiencia, **imita a ese viejo almirante de agua dulce**, haciendo **saltar las cadenas en mil pedazos**, mientras miles de soldados musulmanes no creen lo que ven sus ojos, ahora les toca decidir a ellos…

Morir luchando como fanáticos, es de triste recuerdo años atrás de mano de los almohades, o **acordar la paz con el rey castellano**, que la **fama de hombre justo le precede**, es lo más conveniente para los vencidos… la ciudad de Isbiliya, ya pierde su nombre definitivamente, **ya será conocida como Sevilla**…

5. SEVILLA MUDÉJAR.

5.10.1 Sevilla Cristiana Medieval

Fernando III, el Santo, que **jamás mandó matar a inocentes.,,**

En un aciago año de 1252, falleció Fernando III en el Alcázar Sevillano, siendo **enterrado en la antigua Mezquita Mayor o Aljama,** renombrada como Catedral de Sevilla, siendo su **hijo Alfonso X "El Sabio",** su heredero, quién en simultáneo con su Toledo natal, con esta renacida ciudad donde importantes comunidades musulmanas y judías aún perduraban, seguía enriqueciendo la vida cultural y económica de esta tierra.

Erudito que bien acredita su apodo, el Sabio, **nunca cumplió los acuerdos o capitulaciones acordadas con los musulmanes,** lo que generó **revueltas y violencias** por ambas partes, hasta que la expulsión de los mudéjares o musulmanes que habitaban a orillas del Río Guadalquivir, volvió a traer la paz.

La Peste, la Guerra Civil por el poder entre diferentes ramas nobiliarias, son los síntomas del Siglo XIV y XV, algo que no deja de suceder hasta la llegada al trono de los Reyes Católicos y el Descubrimiento de las Américas.

Los Judíos son masacrados en la carnicería cometida en el año 1391 por los cristianos en multitud de ciudades, y la realizada en Sevilla, destaca por su tamaña crueldad, **dignas de los peores gobernantes musulmanes,** aunque realizada por **esa nobleza interesada y un pueblo ignorante.**

Para ser justos, la comunidad hebrea, no eran santos, su negocio, **la usura,** dejaba en una miseria aún mayor a un pueblo pobre y explotado, generando tanto odio, que en ocasiones explotaba en un mar de sangre, pero sus protectores, **la nobleza,** gran endeudada con ellos, para mantener a sus ejércitos privados y sus lujos exóticos, **conseguían popularidad apoyando tamaña barbarie,** y de paso, ya no tenían más deudas, pues sus acreedores judíos habían dejado de existir.

Soluciones más simples y eficaces no eran contempladas, como regular la usura a niveles más tolerables, altos impuestos a estos banqueros, para destinarlo al bienestar social, pues el egoísmo humano siempre será infinito.

5. SEVILLA MUDÉJAR.

5.10.1 Sevilla Cristiana Medieval

El Alcázar Sevillano, ya llamado **Reales Alcázares de Sevilla,** va incorporando nuevas edificaciones, como el **Palacio Gótico de Alfonso X** o de Pedro I el Cruel o el Justo, según otros, el **Palacio Mudéjar,** la máxima representación del arte mudéjar universal.

5. SEVILLA MUDÉJAR.

5.10.2 Sevilla Cristiana Medieval

En mar revuelto, ganancia de pescadores, los lujos exigidos por esta nobleza ibérica y francesa, debe ser adquirida en la cercana Granada nazarí, siendo Sevilla su gran puerto que monopoliza el acceso a dichas riquezas, que hacen surgir nuevos barrios…

El Barrio de los Catalanes, poblado por **comerciantes y usureros,** ya llamados **banqueros,** provenientes del Condado de Barcelona, en sustitución de los Judíos ya minoritarios, aun mantenemos el recuerdo de ello, ya con un nuevo nombre, Calle Carlos Cañal, y después de casi siete siglos, aun sigue abierta la vieja panadería Horno de San Buenaventura, la más antigua de España.

Otro Barrio emblemático, el de Santa Cruz o **Antigua Judería de Sevilla,** que en siglo XV ya solo permanecieron cristianos nuevos (judíos y musulmanes convertidos al cristianismo), y la Iglesia de Santa María la Blanca, de la misma época, se asienta sobre una Mezquita, luego reconvertida en Sinagoga, y al final en un edificio emblemático, que en su interior podemos ver uno de los mejores Barrocos sevillanos, pero con yeserías que imitan el estilo mudéjar a la perfección.

El Hospital de San Antón, uno de los más antiguos, también del Siglo XIV, solo conserva la Iglesia asociada o Real Iglesia de San Antonio Abad, edificada unos siglos después, o el **Monasterio de San Pablo,** del cual también se conserva **Iglesia de Santa María Magdalena,** otro **clásico ejemplo del barroco sevillano,** y el Convento de la Encarnación, que se asienta sobre el desparecido Hospital de Santa Marta, son algunos de los múltiples ejemplos, ya transformados pero que conservan parte de su belleza.

Varios son los Palacios señoriales, que sus bases constructivas son del Siglo XV, encontrando elementos mudéjares y góticos, y finalizados en los Siglos XVI al XVIII, con detalles Renacentistas y Barrocos, entre los cuales, el **Palacio de las Dueñas de los Duques de Alba,** el Palacio de los Condes de Lebrija, el Palacio de Pilatos **o el Palacio del Rey Moro.**

La Iglesia Colegial del Divino Salvador, o Iglesia del Salvador, es al mayor de Sevilla, solo superada por la omnipresente Catedral, fue construida **sobre la primera Mezquita Mayor de Isbiliya** o Mezquita de Ibn Adabbas, que pasa

5. SEVILLA MUDÉJAR.

5.10.2 Sevilla Cristiana Medieval

a manos cristianas en el año 1340, pero dejada al olvido, ya en el Siglo XVII está en ruinas, siendo reconstruida de manos del arquitecto barroco Leonardo de Figueroa, ocultando su pasado musulmán.

Posee **una hermosa fachada estilo marianista** (final del renacimiento), en su interior organizado en tres naves, podemos admirar las pinturas murales de la bóveda de la Capilla Mayor, y un sinfín de detalles, que la clasifican de lo mejor del barroco sevillano.

Escasos restos de esta antigua mezquita Mayor son los conservados del **Patio de los Naranjos o de las Abluciones,** y la primera parte del Campanario, antiguo alminar o minarete, con dos cuerpos o plantas superiores, una de estilo gótico y el final, de estilo Barroco.

Es el final de ese pasado andalusí sevillano, pero un recorrido por ese esplendor Renacentista y Barroco, es algo que no debemos dejar de hacer.

5. SEVILLA MUDÉJAR.

5.11.1 Sevilla Cristiana: Renacentista y Barroca

Un 12 de Octubre de 1492, Cristóbal Colón llega a las Américas, nuevas tierras son conquistadas, algunas por alianzas, otras por guerras, pero lo que realmente les interesa a esta Sevilla Dual, es continuar con su monopolio, que la caída de la Granada Nazarí, puede provocar el fin de privilegios medievales, pero de manos de este Genovés, su monopolio y enriquecimiento será aún mayor....

El **Quinto del Rey,** o un 20% de las riquezas en oro y plata debían ser enviadas al unificado Reino de las Españas, siendo el otro **80% dejado en manos de las élites americanas para el bienestar de su población,** pero ávidos conquistadores que mezclaron su sangre con la nobleza indígena, crean una nueva generación de dirigentes, los criollos, que se apropian de todo, que aún perduran en el poder...

Ese **Quinto del Rey,** es mucho Oro, tanto que **nobles sevillanos, usureros catalanes, comerciantes flamencos e italianos,** presionan hasta con la muerte de los rivales, para conseguir el privilegio eterno de controlar todas estas riquezas que monopolizan durante varios siglos en esta Sevilla.

Apenas la mitad de lo enviado desde las Américas, y eso siendo generoso, llega a su destino, las Arcas Imperiales de los Austria, que malgastan tamaña fortuna en absurdas guerras en el lejano Flandes, pero la **mayor parte es perdida** en el "camino", que por milagros divinos **acaba en los arcones privados de esa nobleza política sevillana,** en esa **legión de administradores o funcionarios** que fielmente les sirven y en manos extranjeras, que vuelven esas monedas sucias, en oro blanco.

Quinientos años después, sucede lo mismo, **el oro de la Unión Europea** lleva a **esta capital monopolizadora de Andalucía,** que se **diluye en corrupciones y burocracias,** sin llegar a manos del pueblo necesitado para su bienestar o desarrollo, y allende de los Pirineos se indignan por ello sin comprender lo sucedido, es el eterno problema de no ser obligatorio el aprendizaje de la Historia...

Un maremágnum de mercaderes, buscavidas y usureros se reúnen en las proximidades de la imponente Catedral para realizar sus pocos escrupulosos

5. SEVILLA MUDÉJAR.

5.11.1 Sevilla Cristiana: Renacentista y Barroca

negocios, que en esos días de lluvia, llevan sus actividades al interior de este creciente edificio, lo que provoca **la cólera de Obispos y Teólogos,** que claman al cielo y al Rey por tamaña indignidad, que **una nobleza ávida por riquezas,** apoyan en sus reclamaciones, hasta que por fin, Felipe II, manda construir…

5. SEVILLA MUDÉJAR.

5.11.2 Sevilla Cristiana: Renacentista y Barroca

El Consulado o Lonja de Comerciantes de Sevilla, bello edificio renacentista construido en el Siglo XVI, con planos de Juan de Herrera, de planta rectangular, con un gran patio bordeado con columnas de estilos dórico y jónico, con un gran parecido al Monasterio de el Escorial por sus cubiertas abovedadas decoradas con casetones y relieves geométricos.

Varias han sido las reformas por este edificio, situado a escasos metros de la Catedral, que con el paso del tiempo, para una mayor burocratización de los ingresos procedentes de las Américas, cambia de nombre y funciones, denominándose Archivo General de Indias.

⇨ **La Real Casa de la Moneda de Sevilla,** reconstruida en este Siglo XVI para almacenar el oro y plata procedente de las Américas, presenta más bien una planta triangular, y con una gran portada del Siglo XVIII de Sebastián Van der Borcht, es otra obra renacentista y barroca representativa de **la Burocracia sevillana estatal.**

⇨ **La Universidad de Sevilla,** constituída en el año 1506, ocupa actualmente la **Real Fábrica de Tabacos de Sevilla,** edificio Barroco del XVIII, con planta rectangular típica del renacimiento, de una superficie de treinta mil metros cuadrados, solo superado en medidas por el Monasterio de El Escorial, algunas de sus fachadas nos recuerdan a un renacimiento tardío, pero la fachada principal ya es puro Barroco, con su portada con doble columnas a cada lado, balcón balaustrado, su interior dividido en grandes naves, tanto para funciones administrativas, residenciales y de producción.

5. SEVILLA MUDÉJAR.

5.11.3 Sevilla Cristiana: Renacentista y Barroca

Edificios con funciones religiosas de esta primera época, aún perduran, siendo dos los más llamativos.

⇨ **La Iglesia Colegial del Divino Salvador,** solo superada en tamaño por la Catedral, se asienta sobre templos previos romanos y visigodos, que podemos encontrar en su patio, a posterior, estuvo ahí situada la primera Mezquita Mayor o Aljama de Sevilla o de Ibn Adabbas, **conservando parte del minarete o alminar musulmán,** y del patio de oraciones o de los naranjos, pero el edificio en sí, fue reconstruido a fines del XVII y principios del XVIII, con una **fachada del Renacimiento tardío o Marianista,** el interior cuenta con tres naves de planta rectangular, con un barroco primerizo, con bóvedas de cañón en sus techos, columnas, pilastras corintias, etc.

Hasta catorce retablos encontraremos en su interior de diversos estilos, siendo el mayor y más Barroco de todos, el denominado Retablo Mayor o Capilla Mayor, con una bóveda vaida con pinturas murales al temple, decorándola en toda su extensión, dos pulpitos de mármol situado en sus pilares, y un enorme Retablo, obra de Cayetano da Costa.

⇨ **El Hospital de las Cinco Llagas de Nuestro Redentor,** ya situado en el Barrio de la Macarena, en cuya construcción participó Hernán Ruíz hijo, de planta retangular, con diez patios interiores, y el mayor de ellos, el Patio Mayor o Central, con la típica iglesia asociada, se puede definir más bien de Renacentista, también destacan por ese Renacentismo clásico, la Portada o Puerta principal de estilo marianista, los amplios Jardines, y sus fachadas, inspiradas en el **Hospital Mayor de Milán,** actualmente es la Sede del Parlamento de Andalucía.

5. SEVILLA MUDÉJAR.

5.11.4 Sevilla Cristiana: Renacentista y Barroca

Nobleza próspera mezclada en sangre con la gran burguesía enriquecida con el saqueo del oro y plata procedentes de las Américas, dejan algunos magníficos palacios...

⇨ **El Palacio de las Dueñas,** antaño perteneciente a la poderosa familia de los Pinedas, ahora a la de los Alba, lugar de nacimiento del poeta Antonio Machado, es un edifico Renacentista, con alma mudéjar, con un patio central típico andaluz, bordados por arcos de mármol de estilo mudéjar, una capilla de estilo plateresco, variante del renacimiento exclusivo de España, y en los techos de la planta alta del palacio, techos de alfarje, o madera entrecruzada, típicas del estilo andalusí.

Su amplia colección de arte, de más de mil piezas, es otro motivo para dedicar un tiempo a su visita.

⇨ **El Palacio de Pilatos,** construida inspirándose en la lejana Jerusalén por la noble Casa de Alcalá, en su exterior podemos ver su pórtico de mármol renacentista, y rematado por una crestería gótica, la cual atravesaremos para llegar al Patio Central o Patio Andaluz, ajardinado, con venticuatro estatuas de mármol de diversos reyes y emperadores, romanos, visigodos e hispanos.

Techos de madera o alfarjes, con mocárabes, azulejos andalusíes, son parte de la decoración de la planta superior palaciega, y con la imprescindible Capilla privada, de estilo gótico tardío, decorada en estilo mudéjar, son otros de los motivos para realizar esta visita.

5. SEVILLA MUDÉJAR.

5.11.5 Sevilla Cristiana: Renacentista y Barroca

Más de un centenar de edificios religiosos son construidos, ya sean Monasterios, Conventos e Iglesias, donde abundan el mármol, los retablos labrados en oro y plata de las Américas, diseñados por los grandes arquitectos del renacimiento y del barroco, financiados con el saqueo sistemático de las arcas públicas por parte de la nobleza y alta burguesía de la ciudad.

En su interior, **obras de Zurbarán o Murillo** son habituales, y de otros autores menos conocidos en la actualidad, pero de igual prestigio en aquellas pretéritas épocas.

⇨ **La Basílica del Gran Poder,** inspirada en el Panteón de Roma, o la Iglesia de San Esteban, con siete lienzos de Zurbarán, o la Iglesia de San Luis de los Franceses, la más lujosa de de las iglesias barrocas, o la Iglesia de la Anunciación de Hernán Ruíz, son solo algunas de entre tantas.

⇨ **El Convento de los Terceros Franciscanos,** uno de los primeros de los Barrocos sevillanos, **o el Monasterio de la Cartuja o de Santa María de las Cuevas,** de diversos estilos, pero con una decoración Barroca exquisita, **el Hospital de la Caridad,** con una pequeña iglesia, por la cual pasaron los mejores artistas y artesanos de esa época, desde Murillo a Pedro Roldán, sin olvidar **el Palacio Arzobispal,** con sus más de seis mil metros cuadrados, entre otros.

⇨ Otros edificios representativos de la ciudad, con diversas funciones, símbolos del poder, ya sean administrativos o religiosos, que podemos destacar son:

⇨ El Ayuntamiento, con su fachada plateresca, **la Antigua Audiencia o Real Chancillería,** con su patio andaluz con su fuente central, o el **Palacio de San Telmo,** con su impresionante fachada, hoy reconvertido en Presidencia de la Junta de Andalucía, o la **Plaza de Toros de la Real Maestranza de Caballería,** son algunos de tantos.

5. SEVILLA MUDÉJAR.

5.11.5 Sevilla Cristiana: Renacentista y Barroca

⇨ **La Catedral de Santa María de la Sede de Sevilla o Catedral de Sevilla,** en cuya construcción se demorara más de tres siglos, y que **abarca todos los estilos,** desde el andalusí al barroco, pasando por el Gótico, es la mayor Iglesia católica del mundo, solo superada por el Vaticano.

De planta Gótica, con multitud de Capillas de estilo renacentista, de la cual sobresale la Capilla o Altar Mayor, y de estilo Barroco, su anexo, la Iglesia del Sagrario, sin olvidar la parte neoclásica, que encontraremos en la zona suroeste del este templo, descubrir sus características es imposible en breves líneas…

5. SEVILLA MUDÉJAR.

5.11.6 Sevilla Cristiana: Renacentista y Barroca

Solo el visitar los Reales Alcázares de Sevilla, recompensa el esfuerzo de ir a esta hermosa Sevilla, dual aún en este Siglo XXI…

Ya a fines del **Siglo XIX y principios XX**, después de las pérdidas de las Américas y sus inmensas riquezas, surge nuevas edificaciones, tratando de recordar ese pasado esplendoroso, con un estilo propio, de manos de **un andalucismo regionalista centralista**, que las grandes construcciones de la **Exposición Iberoamericana del 29**, es su símbolo más representativo, y la **Exposición Universal de Sevilla del 92**, su continuación, financiado mediante el saqueo sistemático del resto de las provincias andaluzas, y la NO distribución de los fondos de Madrid y Bruselas con destino al desarrollo de los pueblos de esta Andalucía, generando a la vez grandes fortunas particulares, de esa nueva nobleza burguesa, ahora procedente de las élites políticas…

OBRAS CUMBRES
DEL
ARTE ANDALUSÍ

REALES ALCÁZARES DE SEVILLA. Estilo Mudéjar.

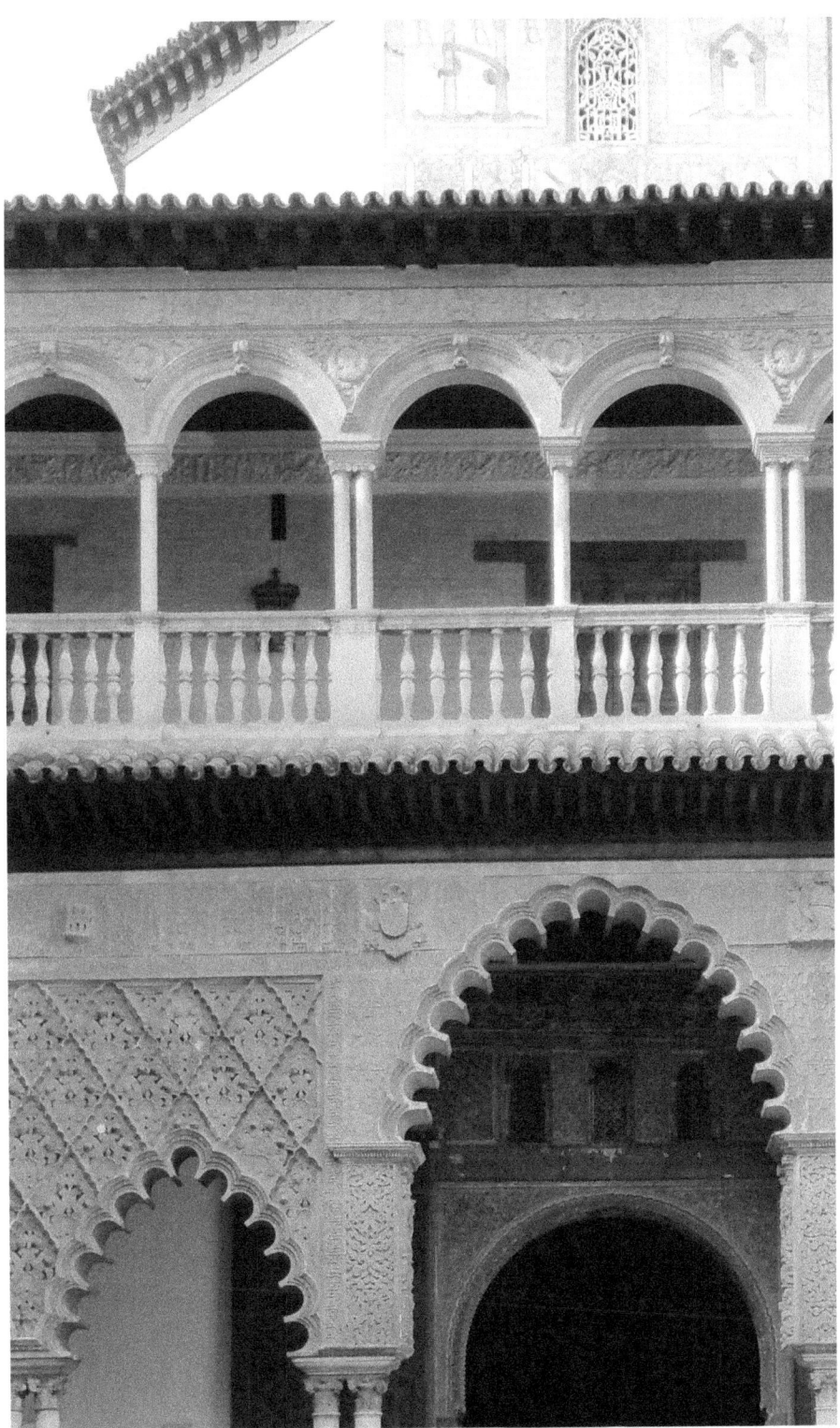

REALES ALCÁZARES DE SEVILLA.

"Estilo Mudéjar."

7 *REALES ALCÁZARES DE SEVILLA. Estilo Mudéjar.*

7.1 El Origen

Fusión de estilos, fue declarado Patrimonio de la Humanidad en el año 1897, a través de él podemos **recorrer el pasado artístico del Sur de la Península ibérica en los últimos mil años,** de esta región llamada en la **Biblia como Tarsis o Tartesos,** por los romanos Betis, por los musulmanes Al Ándalus y por los cristianos Andalucía.

Está considerado **el Palacio Real más antiguo de Europa,** aún en uso, con más de quince mil metros cuadrados de superficie edificados y setenta mil metros cuadrados de jardines.

⇨ Clasificar **de estilo Taifal,** a los Reales Alcázares de Sevilla, es quizás demasiado atrevido, pero es indudable su nacimiento en este periodo, a principios del Siglo XI, aunque existen referencias a construcciones previas, ya de fines del Siglo X.

El concepto de **Alcázar o Castillo palaciego,** inclusive podría remitirnos a épocas más antiguas, al **castillo o alcázar visigodo,** donde residían el gobernador o conde con una pequeña guarnición militar, que a posteriori, en el Siglo VIII, es utilizado por los **invasores musulmanes como acuartelamiento militar** y residencia de gobernador o caíd de la ciudad, que deberían estar situado en el mismo lugar o en las proximidades del Real Alcázar de Sevilla, eso sí, de menor tamaño del actual, y con una función más militar o alcazaba que palaciega.

Este primer Palacio, llamado primer **Alcázar musulmán de Sevilla,** pasa por dos fases constructivas, el **Alcázar Taifal** y el **Alcázar Almohade.**

17.2 El Alcázar Taifal

El fin del Califato de las manos de ese Señor de la Guerra llamado Almanzor, dividen Al Ándalus en multitud de reinos, la mayor parte gobernadores por antiguos generales, aunque existieron exepciones, cuando notables locales, se hicieron con el poder, estableciendo una mínima estructura político militar, que evitaron el pillaje sistemático.

Abú al-Qasim, gobernador o caíd de la ciudad, cargo que hereda de su padre, anciano erudito que fue caíd en la época califal, en alianza con los nobles, logra **formar un ejército local,** que defienden la ciudad del pillaje, construye amplias murallas defensivas, y **se enfrenta a otros Señores de la Guerra Taifales,** que le permiten crear una nueva dinastía, la de los Abadís, la cual gobierna esta Sevilla musulmana durante todo este convulso Siglo XI.

⇨ **Su hijo y sucesor, Al-Mutadid,** se anexiona pequeños reinos de taifas limítrofes, aunque su **derrota ante los castellanos de Fernando I,** al cual ya deben vasallaje y el pago de amplios tributos, **debilitan su reinado,** y haciendo ejecutar a su primogénito por rebeldía, deja su sucesión a alguien menos capaz.

Le sucede en el trono taifal, su hijo al-Mu'tamid, **el último de los abidies,** menos dotado para el gobierno, aunque bien intencionado, que para representar su poder ante su pueblo, **decide construir** el **Alcázar de la Bendición o Dar al-Mubarak,** que junto a su erudición en teología y poesía, lo diferencia del resto de los reyes taifales de la época.

⇨ **El Alcázar de la Bendición o Dar al-Mubarak,** del cual solo mantenemos referencia por el **libro de poemas,** Elegías de Agmat, obra nostálgica en recuerdo a su amado palacio de Al-Mutadid. Se supone que el **nuevo alcázar construido por Pedro I,** utilizó el mismo lugar para su construcción, **reciclando los materiales previos,** para pasar **de un estilo musulmán al mudéjar.**

Nuevos avances de los cristianos, al negarse a pagar los tributos acordados por su padre a Castilla, sitian la ciudad, y en un último ataque de desesperación, **solicita la ayuda de los Almorávides,** secta religiosa fanática y extremista, que **ya había conquistado todo el Magreb,** que avanzan rápidamente, **conquistando todos los reinos taifales,** pero el clima debilita su bravura y su fe, algo imperdonable a vista de los más radicales y fanatizados aún Almohades…

7.3.1 El Alcázar Almohade.

En el año 1170 estos ejércitos de fanáticos guerreros del Atlas controlan el Al Ándalus, aunque su invasión había comenzado décadas antes, con sangrientas matanzas, de las cuales no se salvaban ni musulmanes, ni judíos, y menos aún cristianos.

Abu Yaqub Yusuf o Yisuf I, establece en **Sevilla la capital de su Imperio en el Al Ándalus,** siendo Rabat y Marrakech las del Magreb almohade, sabia decisión desde la perspectiva militar, pues unas **amplias murallas de seis metros de altura la protegen,** el eterno Río Guadalquivir la nutre de aguas y refuerzos, y la cercana Triana de viandas para sus tropas y caballos.

⇨ **Una importante labor constructiva,** con el objetivo de fortalecer su control religioso y militar es efectuada en este periodo, de cuyos restos podemos observar **en la Giralda,** antiguo minarete de la **nueva Mezquita Mayor,** o la **Torre del Oro,** uno de los múltiples **torreones defensivos** de la ampliada muralla, el **Puente de Barcas,** que perduró siglos, o un amplio Muelle con sus **Atarazanas** para nutrir su flota.

Todo **Califa necesita un Palacio digno de su título,** y si es fortificado más acorde a sus principios de guerreros yihadistas, asentándose sobre el pequeño **Alcázar de la Bendición,** que apenas ocupaba 10.000 metros.

El Alcázar Almohade, que llega a ocupar una **extensión de más de 150.000 metros cuadrados,** derribando las antiguas edificaciones, utilizando las **murallas reforzadas como límite natural,** de todo ello se conserva partes destacables…

7.3.2 El Alcázar Almohade.

La Sala de la Justicia, formaba parte de la zona palaciega o mexuar, donde los visires o ministros se reunían para aplicar las leyes islámicas o decisiones de carácter urbanístico o militar, fue totalmente reconstruido en el Siglo XIV por el rey castellano Alfonso XI, en un estilo mudéjar, destacando el techo de madera entrelazado que es el primer mudéjar cristiano del Alcázar.

De planta cuadrada, en sus paredes, podemos ver las clásicas yeserías andalusíes, con los emblemas de los reinos cristianos, el de Castilla, el de León y el de La Banda.

⇨ **El Patio Almohade de la Casa de Contratación,** de forma rectangular, con unas medidas de 40 por 20 metros, y en el frontal sur, unos **paneles decorativos o paños de sebka,** figuras romboides entrelazadas, de gran hermosura.

Un **Jardín en forma de crucero,** representando los **cuatro ríos de la vida,** con **cuatro albercas y una gran fuente central circular,** bordeados con árboles frutales, **el Paraíso o Yannan en la tierra,** pequeño reflejo del gran premio, el Paraíso eterno, si imponen su fe a sangre y fuego.

⇨ **El Patio de María de Padilla,** aunque reconstruido por Alfonso X, se ha recuperado la estructura inicial, aunque no sus detalles arquitectónicos, debió ser el mayor, con sus más de 1.500 metros cuadrados, dividido en **cuatro partes o ríos de la vida, con albercas y canales, con una gran fuente central o quizás un pabellón central,** pequeños retazos de un esplendor perdido…

Tanto el **Patio de la Montería y el Patio de las Doncellas,** son de estilo mudéjar, habiendo sido reconstruido en época de Pedro I, aunque algunos detalles sean de origen almohade.

⇨ **El Patio del Yeso,** el área mejor **conservada del periodo almohade,** o el más bello a decir de todos, construido en época de Yusuf I, con una alberca central, **arcos de herradura en uno de sus frontales,** que nos **lleva hasta Medina Azahara y el estilo Califal,** y en otras paredes, podemos observar los **arcos decorados con rombos entrelazados,** conocidos como **paños de sebka,** de frágil yeso pero de gran hermosura, como recuerdo que lo único eterno es Ala, lo demás es breve y frágil…

7 REALES ALCÁZARES DE SEVILLA. *Estilo Mudéjar.*

7.4.1 El Alcázar Mudéjar

Fernando III el Santo, conquista la ciudad en el año 1248, respetando la vida de todos sus habitantes musulmanes, residiendo los escasos años de vida restante, en el ya denominado **Real Alcázar de Sevilla,** siendo sucedido por **Alfonso X el Sabio,** que amplía el recinto **construyendo tres grandes salones de estructura Gótica.**

Pero es su descendiente, **Pedro I el Cruel,** para algunos, o El Justo según otros, ordena construir el que conocemos como **Palacio Mudéjar,** con una función palaciega, y sin muros defensivos, olvidándose de la función militar o Alcázar.

⇨ **El Palacio Gótico o El Cuarto del Caracol, representación de la supremacía cristiana sobre el Islam,** trayendo los mejores artesanos de Burgos, que destruyeron la mayor parte de los palacios almohades para su construcción, es obra de Alfonso X.

Dos grandes naves o Salones rectangulares en paralelo, **la Sala de los Tapices y la Sala de los Jardines,** unidos por dos salones más pequeños o de las **Fiestas y la Capilla, con pilares de piedra adosados a los muros,** que sostienen las bóvedas nervadas o de crucería, típicas del gótico, y en el exterior, contramuros en forma de torreones.

⇨ **El Pórtico de la Puerta** principal, fue construida a fines del Siglo XVIII, por el arquitecto militar Sebastián Van der Borcht en claro **estilo Barroco,** previamente **se había añadido azulejos,** en el periodo **Renacentista,** se pintan las bóvedas con murales, se añaden ménsulas o salientes decorativos de estilo marianistas, rejas en los ventanales, etc…

⇨ **El Salón de Tapices,** alberga la **mejor colección del mundo** de su género, la Capilla destaca por un magnífico Retablo del Siglo XVIII e **inmensos cuadros de temática religiosa** de la misma época, en la Sala de las Fiestas, unas restauradas **yeserías y zócalos de azulejos,** dan mayor luminosidad a este Palacio Gótico.

7.4.2 El Alcázar Mudéjar

El Palacio Mudéjar de Pedro I, es la obra cumbre del arte mudéjar, construido entre los años 1364 y 1366, diseñados por los mejores alarifes o arquitectos, procedentes de Toledo y de la Granada Nazarí, y embellecidos por los mejores artesanos y artistas del Al Ándalus cristiano.

Materiales empleados fueron el **ladrillo, el yeso, la madera, los azulejos,** típicos del arte andalusí, siendo limitado el mármol, destinado a columnas, y como elementos decorativos, los **paños sebka, los ataurique o representación geométrica del mundo vegetal**, arcos polibulados, **caligrafía árabe ensalzando a Dios**, etc.

⇨ **La Fachada del Palacio,** utiliza **todos los detalles decorativos antes comentados del estilo mudéjar,** junto con los Escudos de Castilla y León, reproducidos en múltiples ocasiones.

La planta superior de la fachada, con ventanales acompañados de pequeñas columnas de mármol, **inscripciones en gótico en alabanza del Rey Pedro I, y caligrafía árabe alabando a Dios o Ala,** y para rematar todo ello, un tejado o **alero de madera, decorado con mocárabes,** más propios del centro peninsular por su menor resplandor.

Un Vestíbulo, formado con cuatro **imponentes columnas de mármol de origen romano,** nos llevan a dos pasillos, uno con destino **al Patio de las Doncellas,** lugar más público, y el de la derecha, **al Patio de las Muñecas,** de uso privado del Rey.

⇨ **Patio de las Doncellas o Patio Público,** utilizado en actos oficiales, bordeado por una serie de **arcos polilobulados,** arcos que presentan varios salientes o lóbulos, **paños de sebka o conjunto de rombos enlazado**s, junto con otros **símbolos de la mitología andalusí** o árabe como conchas, la mano de Fátima, etc. Sin olvidar la **caligrafía árabe o la representación vegetal** geométrica llamada atauriques.

Las **paredes de la galería,** mantienen los mismo **elementos decorativos anteriores** (atauriques, paños sebka, caligrafía), entremezclados con los escudos heráldicos del Reino de Castilla y León.

7.4.2 El Alcázar Mudéjar

El **Centro de la Vida,** es el Agua, con una **Alberca o estanque en la parte central del patio con pequeños peces,** hermano de los de la Alhambra, una fuente (de estilo renacentista), y dos grandes **zanjas en sus laterales decoradas con arcos entrelazados,** a modo de **huerta de árboles frutales,** sobresaliendo sus frutas al nivel de la solería de mármol, para ser recogidas sin esfuerzo, pequeños **pájaros revoloteaban** con su canto, todo ello, la **representación clásica del Paraíso.**

⇨ **Patio de las Muñecas o Patio Privado,** con sus **arcos de herraduras, decorados con arabescos y atauriques,** en la parte inferior de las paredes, azulejos andalusíes, las puertas están magníficamente labradas, **en un estilo mudéjar más propio de Toledo,** y si observamos con detenimiento, en las yeserías de los arcos, unas imágenes de un rostro o muñequitas, labrados a posteriori.

Las plantas superiores, ya construida en siglos posteriores, copiando el mudéjar original, y las columnas de mármol que sustentan los arcos, reciclados de épocas anteriores, romanas o visigodas.

7.4.3 El Alcázar Mudéjar

Dormitorios de los Reyes Moros o Alcoba Real, a la cual se accedía desde el Patio de las Doncellas, son dos naves o salas rectangulares, con alcobas privadas, separadas por arcos de herradura visigodos, con unas molduras o alfiz que decoraban los arcos.

El techo, **cubierto de lacerías y líneas entrelazadas,** curvas o rectas, de diversos colores o policromías, es una de los tantos elementos decorativos utilizados.

La **Sala de los Pasos Perdidos o Pasillo,** nexo de unión entre las Salas Públicas y Privadas, fue ya remodelada en el Siglo XV por los Reyes Católicos, observando **los Escudos Heráldicos de Isabel y Fernando.**

⇨ **Sala de los Embajadores o Salón del Trono,** de planta cuadrada con **una cúpula dorada con detalles que parecen estrellas,** la representación de Universo según la tradición islámica.

Podemos admirar detalles típicos del arte califal y del arte nazarí, el triple arco de herradura con alfiz o molduras de Medina Azahara, y la cúpula dorada, con mocárabes, fiel reflejo de la Alhambra.

Sus paredes, en yeserías con paños sebka, azulejos andalusíes en la parte inferior, entre otros detalles, hacen de esta **Sala de los Embajadores,** la **más esplendorosa del Palacio Mudéjar de los Reales Alcázares de Sevilla.**

⇨ **La Sala o Cuarto del Rey y la Sala de los Infantes,** han sido ampliamente **reformadas en siglos posteriores,** pero aún podemos ver los azulejos andalusíes en la parte inferior de las paredes, y yeserías policromadas en la parte superior.

7.5 La Puerta del León.

Una nueva gran Puerta de acceso al Alcázar fue construida en el Siglo XIV, que daban a **dos grandes Patios,** todo ello ha sufrido grandes remodelaciones en los siglos posteriores, **aunque aún mantienen retazos mudéjares…**

⇨ La Puerta del León o Puerta de la Montería, entrada principal a los Reales Alcázares, del Siglo XIV, construida por orden de Pedro I, para facilitar su acceso a su Palacio Mudéjar, destaca por **ese impresionante León en su parte superior,** sosteniendo una cruz y con el slogan Ad Utrumque.

⇨ El Patio del León, ahí estuvo **el Corral o Teatro de Comedias, de estilo renacentista,** y con tres arcos, del cual solo el central es del Siglo XIV o estilo mudéjar, lo unen al otro **Patio, el de la Montería,** que es el **verdadero acceso a los diferentes Palacios, el Mudéjar, el Gótico y la Casa de la Contratación.**

La Casa de la Contratación o de acuerdos comerciales con las Américas, **fue construida en el año 1503, y** remodelada la fachada principal en estilo barroco, ha sido reconstruida en diversas ocasiones.

7.6 El Alcázar de los Reyes Católicos.

Una serie de salas son adaptadas a las necesidades de los Reyes Católicos y al Descubrimiento de las Américas, que vieron nacer al príncipe Juan, que apenas vivió unos meses…

⇨ La Sala del Techo de los Reyes Católicos, con una hermosa **techumbre de madera,** que aún **conserva el suelo original, la Sala del Príncipe** con una sala principal y dos más pequeñas anexas, con un techo que **entremezclan la madera de estilo mudéjar o lacería con detalles renacentistas,** la **Sala Comedor,** estancias privadas de la **Reina Isabel,** con los azulejos andalusíes y los escudos heráldicos originales, **el Oratorio o Capilla privada,** constituídos por tres naves o espacios, el primero de ellos, **de estilo gótico con detalles mudéjares que representan al mundo vegetal,** y el **Altar** como último, **adornado en azulejos andalusíes,** de estilo ya más bien renacentista.

⇨ El **Cuarto Real Alto y la Antigua Cámara Real Alta o Vestíbulo,** el primero de ellos, **residencia oficial de los reyes de España,** siendo utilizado en sus visitas a Sevilla, habiendo sido reformado en tantas ocasiones, que carece de un estilo definido, y de **Antigua Cámara Real Alta,** podemos ver los antiguos escudos heráldicos en las paredes, **recubiertas de grandes tapices de los Siglos XVII y XVIII.**

⇨ La **Casa de la Contratación,** constituida con el objetivo de regular el comercio con las Américas en el año 1503, **ocuparían en su momento el Cuarto del Almirante en el Alcázar,** más otros diversos edificios en el extramuros, situados en la llamada Plaza de la Contratación.

Diversas **remodelaciones e incendios** han desvirtuado la arquitectura y emplazamiento original, pudiéndose visitar el **Cuarto del Almirante,** de planta rectángular, con diversos tapices y cuadros **de la época Renacentista y Barroca.**

Un paseo por la **Plaza de la Contratación** y el edifico denominado con el mismo nombre, reconstruido a fines del Siglo XX, apenas dan idea de la grandeza de dichas edificaciones…

7.7 El Alcázar Renacentista o de los Austrias.

Una nueva Dinastía, los Austrias o Habsburgos, traen consigo un nuevo estilo arquitectónico, **el Renacimiento,** de manos de **Carlos V y Felipe II.**

La Sala del Techo y el Salón de los Tapices de Carlos V, el primero del cual, con un **hermoso techo o alfarje de madera de pino negro,** con más de sesenta casetones o huecos geométricos decorativos, flores labradas y bustos, además **los escudos heráldicos del Emperador,** con su águila bicéfala, es fielmente representada. **Azulejos ya de estilo sevillano,** variante del andalusí, decoran diversas partes de la estancia.

Grandes **tapices de estilo renacentista,** rememorando la conquista de Túnez, decoran las paredes, todos del Siglo XVI, en el llamado **Salón de los Tapices.**

⇨ **La Sala del Techo de Felipe II,** con un techo de madera, con **casetones cuadrados geométricos,** una amplia puerta, de triple arco de herradura, decorados con numerosos pavos reales, entre otras aves, es la parte constructiva más importante de este rey en el Alcázar.

Otras Salas, como la de las **Bóvedas o la Capilla Gótica,** son reformadas, añadiendo elementos decorativos renacentistas.

7.8 El Alcázar Barroco o de los Borbones.

Sangrienta Guerra Civil, la de Sucesión, y una nueva dinastía, la de los Borbones, nos introducen en el Barroco.

Escasa es la representación barroca digna de tal nombre, parte de la fachada exterior del Palacio Mudéjar, realizada después del terremoto de Lisboa, ya que la mayor parte de las reformas son para adaptar a un mayor nivel de comodidad los edificios, no para embellecerlos.

7.9 Los Jardines del Real Alcázar de Sevilla.

Los Jardines, ocupan el 90% del espacio de los Reales Alcázares de Sevilla, todos ellos, de influencia andalusí o mudéjar, y dependiendo del ciclo histórico en que hayan sido remodelados de otros estilos, **predominando el renacentista.**

Entre los Jardines Renacentistas, el Estanque de Mercurio, en cuyo espacio central encontramos **el Dios Mercurio,** es uno de los más bellos, o el **Jardín de Troya,** de estilo manierista, o los Baños de María Padilla, decoradas con pinturas murales del Siglo XVI, son algunos de tantos.

Otros Jardines han sido añadidos en los siglos XIX y XX, como el **Jardín de los Ingleses,** el **Jardín de los Poetas** y extramuros, los **Jardines de Murillo,** o el **Jardín de las Damas,** desde el cual se puede acceder a los **Baños de María Padilla**…

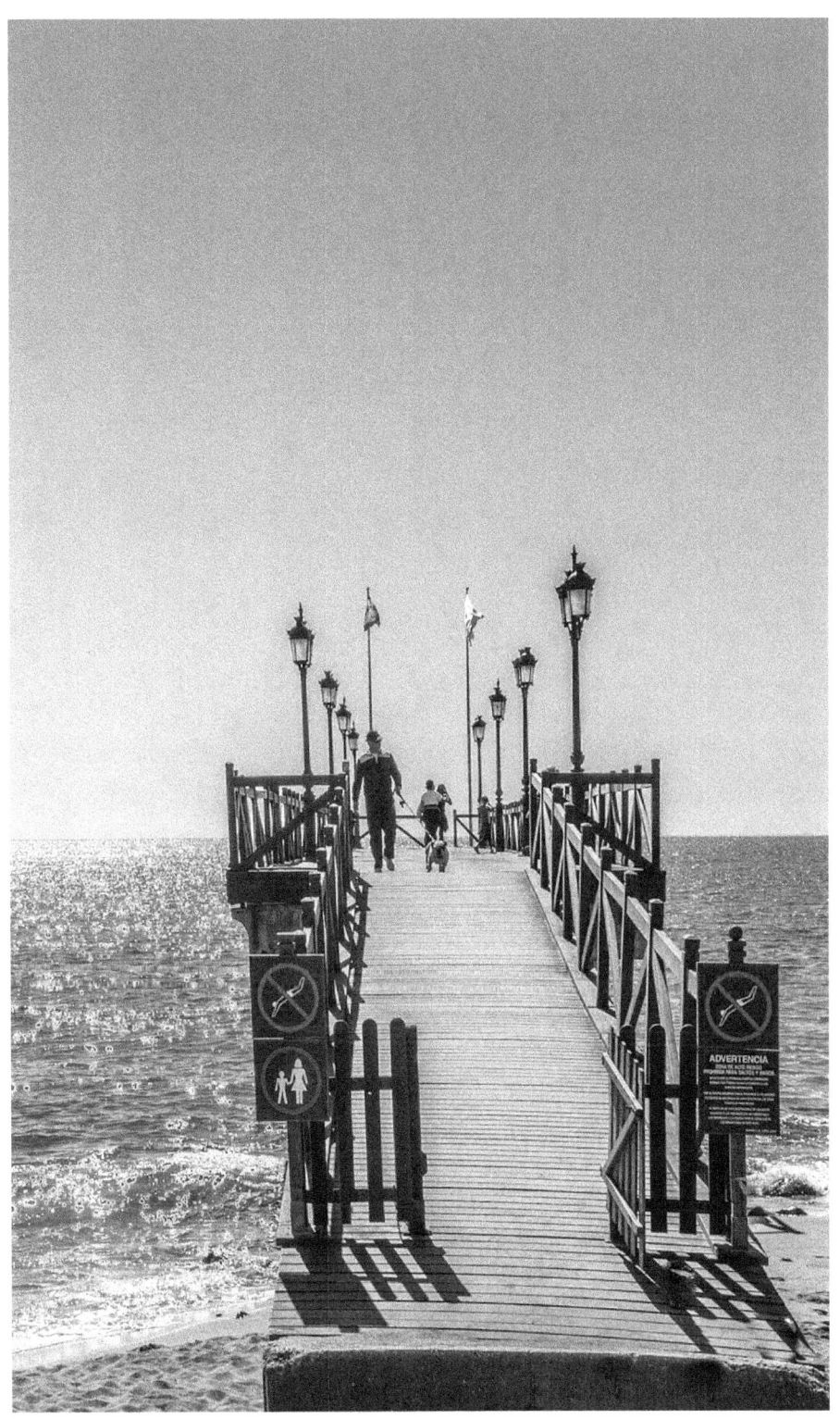

EPÍLOGO

"Los Reales Alcázares de Sevilla."

8 EPÍLOGO

8.1 Viejos Mitos

El Arte andalusí, el arte cumbre del mundo islámico, se dio en un lugar tan excepcional como el Al Ándalus, en plena Europa, que muchos nostálgicos tratan de reproducir en lejanos lugares, sin asumir aún, que forma parte del carácter de estos habitantes del Sur de la vieja Península Ibérica.

⇨ **Carácter tan criticado por gentes desconocedoras y mal informadas,** que a veces desespera inclusive a este andaluz que escribe, pero que ya asume que forma parte de nuestra "alma", que hacen que millones de personas de otras regiones o países desean vivir en esta hermosa tierra.

⇨ **Descubrir esta parte de nuestro pasado común,** desde arte califal, al taifal, al almorávide o almohade, al nazarí, y sin olvidar el mudéjar, es un reto que cualquier amante de la vida, debe realizar en su caminar vital.

⇨ **Olvidarnos de viejos mitos,** que se reciclan cada pocas décadas, contando que unos eran los buenos y otros los malos, es mentir a la historia, siempre los notables o poderosos son escasos en generosidad, y el pueblo o las clases medias es incitado al odio para afianzar su poder, independientemente que sean religiosos (musulmanes o cristianos) o solo adoren el Dios Dólar…

8 EPÍLOGO

8.2. Viajando.

La eterna excusa, viajar es para ricos, y como siempre, hay que desmentirlo, hacer turismo es caro, viajar es barato.

⇨ **Vuelos LowCost,** que por apenas 50€ te trasladan de lejanas ciudades europeas al Aeropuerto de Málaga o Madrid, o Autobuses que por 25€ te llevan de Madrid al Sur, sin olvidar los coches compartidos, que por casi nada, te trasladan entre ciudades, son opciones para trasladarnos a precios económicos.

⇨ **Cientos de Hosteles** que encontraremos en cualquier lugar del mundo, que por pocos euros, tendremos un lugar donde dormir, un desayuno incluído y una cocina para utilizar.

⇨ **Cenar en restaurantes agradables,** siempre es una opción, pero si no deseamos dejar la Visa en bancarrota, en cualquier supermercado podremos comprar productos básicos para **cocinar en el Hostel,** y al final de una semana de largo viaje, nos habrá costado apenas 20 euros en comer.

⇨ De lo que será más difícil escaparnos, es **de precios abusivos en muchos lugares dignos de visitar,** pero solo es compensar, no todos los lugares recomendados en multitud de guías o agencias, merecen pagar precios tan altos, y lugares hermosos dignos de visitar suelen tener precios simbólicos, es solo saber buscar...

Este consumismo que nos desborda, que nos asfixia, que nos fuerza a justificarnos porque no pagamos 600€ por el último modelo de móvil, más aún si saben que tenemos dicha cantidad, hace que cuando viajamos perdamos la vista de lo principal, descubrir nuevos lugares por ir a los sitios de moda para llevarnos cientos de fotografías que se quedan almacenadas en algunos de los cientos de carpetas guardadas en nuestro portátil o tableta, o quizás, los álbumes de 500 fotografías que subimos a las redes sociales…